介護福祉士・伊藤亜記の
介護現場の「ねこの手」シリーズ⑤

アキねこ先生が
本音で教える
おたすけBOOK

ケアマネジャー仕事の進め方Q&A

介護コンサルタント
株式会社ねこの手代表
伊藤亜記／編著

はじめに

　2013年の秋に、『今すぐ見直せるケアプラン』を発刊させていただき、お蔭様で増刷になり、この度、たくさんのご要望の声から、来春の介護保険報酬改定を踏まえて、『ケアマネジャー仕事の進め方Q&A』を発刊していただきました。
　『今すぐ見直せるケアプラン』発刊直前に父を癌で亡くし、祖父母の介護のときとは違う「もっと何か父にできたのではないか？」の「家族の後悔」の大変つらい経験も伴って、「介護のプロとしてご利用者やご家族に後悔をさせるようなお仕事は絶対したくない！」「介護のプロとして後悔をするお仕事は絶対しない！」と心に誓った中で、「介護保険の柱であるケアプランを作成しておられるケアマネジャー様方が毎日楽しくお仕事をしていただかなければ、真のご利用者やご家族の幸せプランにはたどり着かない」という更なる確信も加わり、この度、新刊を出させていただけたことは、大変うれしく思っております。
　ケアマネジャーのお仕事は、居宅の場合は35件、施設の場合100件と兼務業務の中、ご利用者やご家族の人生のプランを作成、日々かかわりを持たなければならないという重責の現状で、たくさんの他職種や事業所の力を借り、ご利用者、ご家族を支える幸せプラン達成への意識を高めるコツやケアマネジャー様方の業務負担軽減につながるヒントも多数書かれています。
　前書『今すぐ見直せるケアプラン』、本書『ケアマネジャーの仕事の進め方Q&A』共に表紙には、虹が描かれておりますが、「日々のケアマネジャー業務のご苦労に、希望の虹となるように！」という願いを込めて、描いていただきました。
　この本を通し、日本中のケアマジャー様方のたくさんの幸せの虹が描け、同時にケアプランを通して、ご利用者様やご家族様が元気な未来の虹を描けるように、心から願っております。

株式会社ねこの手　代表取締役
介護コンサルタント　伊藤　亜記

ひかりのくに

もくじ

はじめに …………………………………………………………………………………… 1
ケアマネジャーの仕事とは ……………………………………………………………… 4
具体的な解決法を見てみよう！ ………………………………………………………… 5

Part1　効率化編

- Q 日々の業務に追われて……。もう何を優先したらいいのかわかりません ………… 6
- Q やってもやっても仕事が終わりません。もう辞めたいです…… ……………………10
- Q モニタリングに時間を取られ、ほかの仕事をすることができません ………………12

Part2　コミュニケーション編

- Q ご利用者やそのご家族とうまくコミュニケーションが取れません …………………14
- Q 会話が続かず、すぐ沈黙に……。どうしたら会話って続けられるの？ ……………16
- Q ご家族の主張が強く、要望も多いためどう答えていいかわかりません ……………20
- Q 認知症の人への対応がよくわかりません ………………………………………………22
- Q 上司はお金のことばかり。そんな上司とうまくやっていく自信がありません ……24
- Q 周りの人たちはとても忙しそう。こんな状態でチームケアと言われても …………26
- Q 職場の雰囲気はいつもギクシャク。こんなところで働きたくありません …………30

Part3　仕事のコツ編

- Q 書類ってどうも苦手で……。うまく書けないし、整理や保管もめんどう …………32
- Q アセスメントシートに何を書けばいいかわかりません。
　　空欄が目だってしまって…… ……………………………………………………………36
- Q ケアプランをたてるのが苦手。同じものを使い回しちゃダメですか？ ……………38
- Q サービス担当者会議の開催意義がわかりません。
　　開いても資料を読むだけだし…… ………………………………………………………40

- Q モニタリングしても、どうプランを見直せばいいのかわかりません……………… 42
- Q ご利用者やご家族から不安の声が上がっています。
  大きな問題になる前に、解決したいのだけれど…… …………………… 44
- Q クレームがきてしまったんですが、どう対応すればいいのでしょうか？ ………… 46
- Q オープンして間もない事業所で働いています。
  どうしたらご利用者数を増やせますか？ ……………………………… 48

Part4　セルフマネジメント編

- Q 日々の業務でもうクタクタ。何もやる気が起きません ………………… 50
- Q ケアマネジャーとしてスキルを磨きたいのだけれど、どうしたらいいの？ ………… 54
- Q 職員が次々に辞めてしまいます……。
  どうすれば仕事を続けてくれるのでしょうか？ …………………………… 55

Part5　法律・法令編

- Q 法律ってどうも難しくて……。正直よくわからないです ………………… 56
- Q 介護保険制度は今後どうなっていくの？　ケアマネジャーへの影響は？ ………… 60
- Q 実地指導や監査ってどう対策すればいいの？ ……………………………… 62

番外編　アキねこ先生のなんでもお悩み相談室！ ……………………………… 66

Part6　資料編

コミュニケーションに役だつ声かけ例 ……………………………………………… 70
高齢者の特徴①② ……………………………………………………………… 72
ヘルパーが行なえる医療ケア ………………………………………………… 74
知っておきたい服薬管理 ……………………………………………………… 75
人体・骨格の部位名①② ……………………………………………………… 76
検査値の読み方 ………………………………………………………………… 78
覚えておきたい医療の略語・用語 …………………………………………… 79

ケアマネージャーの仕事とは

- 日々の業務に追われて……。もう何を優先したらいいのかわかりません
- ケアプランをたてるのが苦手……。同じものを使い回しちゃダメですか？
- 法律ってどうも難しくて……。正直よくわからないです
- サービス担当者会議の開催意味がわかりません 開いても書類を読むだけだし…
- アセスメントシートに何を書けばいいかわかりません。空欄が目だってしまって……
- 会話が続かず、すぐ沈黙に……。どうしたら会話って続けられるの？
- 日々の業務でもうクタクタ。何もやる気が起きません
- ご家族の主張が強く、要望も多いためどう答えていいかわかりません

**みんなが悩みを抱えてしまうのは、ケアマネジャーの「本来の姿」を忘れてしまっているからです！
ご利用者の幸せのために、自分がどれだけ人の役にたつ仕事をしているのか、思い出してみて！**

ご利用者の幸せな未来をつくるお手伝い！

ケアマネジャーの本来の仕事って？

ケアマネジャーは、ご利用者やご家族みんなを幸せにするお手伝いができる仕事！ ケアプランを通して、その人の人生の夢をかなえる介護のキーマンです。

ケアマネジャーはチームのまとめ役！

ご利用者の明るい未来をつくるためには、たくさんの人の協力が必要。ケアにかかわる人たち全員がご利用者を支え、元気にできるよう、チームをまとめて先導していくこともケアマネジャーの大切な仕事です。

ご利用者を元気で幸せな未来へ導いていく、その本来の姿を忘れなければ……
チームの結束力も高まり、ケアもうまくいき、やりがいが持てます！

具体的な解決法を見てみよう！

Part1　効率化編（P.6〜）
スケジュール管理をはじめ、メールやFAXの活用法、効率的なモニタリングのしかたなど、業務をスムーズにこなすためのポイントを押さえよう。

仕事がどんどんはかどります！

Part2　コミュニケーション編（P.14〜）
コミュニケーションの基本姿勢や声かけのしかた、また、ご家族、上司、同僚など、さまざまな人と円滑な関係を築く方法を紹介します。

これでスムーズに連携が取れます。

そういうことだったのか！

Part3　仕事のコツ編（P.32〜）
アセスメントやモニタリングなど、ケアマネジメントの一連の流れの中で、知っておきたい「仕事のコツ」を教えます。

Part5　法律・法令編（P.56〜）
ケアマネジャーが業務を行なううえで、知っておきたい介護保険の基本理念や、引っ掛かりがちな法律・法令の落とし穴を見ていきます。

これなら安心して仕事ができる！

心にゆとりができました。

Part4　セルフマネジメント編（P.50〜）
ケアマネジャーは自身のケアも大切。ストレスをためない方法やスキルアップのしかたなど、自分自身もマネジメントしてみましょう。

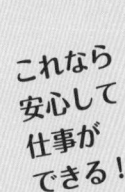

Part6　資料編（P.70〜）
今日からでも活用できる話題や声かけ集、知っておきたい医療知識、高齢者の特徴など、ケアマネジャーを助ける資料が満載です。

それでは早速、あなたの疑問や悩みを解決していきましょう！

Part1 効率化編 1

Q ケアマネジャーからのSOS
日々の業務に追われて……。
もう何を優先したらいいのかわかりません

A アキねこ先生からのアドバイス
カレンダーを活用してスケジュールを管理しましょう

日々の仕事に追われて混乱してしまうのは、「いつまでに何をしなければいけないか」ということが見えていないからです。期限のある仕事を後回しにしていたり、手間のかかる仕事に十分な時間を取っていなかったりして、業務を効率よくこなせていないのではないでしょうか。

まずはカレンダーを利用して、1か月の業務の流れを把握しましょう。期日の決まっているものや、仕事の優先順位が見えてきます。流れが見えたらそれに合わせて、スケジュールをたててみましょう。

1　1か月の流れを把握しよう

カレンダーを利用して仕事の流れをつかむ

ケアマネジャーの業務は1か月単位で回るものが多いので、カレンダーを利用してスケジュール管理をしましょう。仕事の締め切りや期限を書き込むことで、いつまでに何をしなければならないかがわかり、仕事の優先順位が見えてきます。

スケジュールがたてられていると、急な予定変更があった場合にどこを調整すればよいのかがわかりますし、サービス事業所やご利用者のご家族などとスケジュールを共有すると、よりスムーズに業務を進めることができて、余裕が生まれます。

月	火	水
1	2	3
給付管理			
8	9	10 給付管理締め切り
15		
22		
サービス事業所への次月のサービス提供票配布		
29	30	31
書類整理・翌月の準備		

 **Check**
各サービス事業所の担当者に手渡しするか、郵送の場合などは電話で状況を確認します。サービス提供票も早めに配布すれば、スケジュールの共有もできます。

 **Check**
ご利用者の体調不良などで急な仕事が入ると、どうしてもスケジュールは押しぎみに。月末に余裕を持たせておくと安心です。

6

1か月を3つのブロックに分けて考えよう

逆算でスケジュールをたてるのがコツ！

1か月のスケジュールは、3つに分けて考えることができます。作業の流れを逆算して、下旬には翌月の「サービス提供票」の作成・配布、中旬には「サービス提供票」作成のために必要なモニタリング、上旬には前月のサービス実施状況を書類上にまとめる「給付管理業務」が入ります。よりこまかいスケジュールも同様に、「10日が『給付管理票』の提出期限だから、利用実績は遅くとも2日までには必要だ、5日に請求しよう」など、逆算して考えるとうまくたてられます。

①上旬 給付管理業務
②中旬 モニタリング、サービス担当者会議の開催
③下旬 サービス提供票の配布　　次　月

①給付管理業務　　毎月10日までに「給付管理票」「介護給付請求書」を作成し提出する。
↑
②モニタリング　　少なくとも月に1回は訪問する。20日前後には訪問を完了しておきたい。
↑
③サービス提供票の配布　　急な対応で予定が押すことも考え、月末は余裕を持つ。

木	金	土	日
4	5	6	7
11	12	13	14
18	19	20 全モニタリング完了	21
25	26	27	28
1	2	3	4

モニタリングを兼ねた訪問・サービス担当者会議

←──── サービス提供票提出期間 ────→

Check　作成する前に各サービス事業所から送られてくる前月の利用実績・モニタリング表を見て、ケアプランどおりにサービスが提供されているか確認します。

Check　訪問する前に、各サービス事業所からモニタリング表をもらい、聞くべきことを把握しておきましょう。ゼロから聞かずにすみます。

Part1 効率化編

2 スケジュールをたてよう

15	16	17
Aさんアセスメント 10:00～11:00 Bさん宅訪問 11:00～12:00	行政研修 13:00～16:00	モニタリングまとめ 10:00～12:00 定期訪問予備 13:00～15:00
22	23	24
提供票作成 11:00～13:00	休み	提供票締め切り！

自分のスケジュールを完成させる

　月ごとの1か月の仕事の流れがわかったら、具体的なスケジュールをたててみましょう。「この日の午前中はモニタリングの訪問を2件、午後は3件する」など、各日に何をするのか入れていきます。詰め込みすぎずに、必要な時間をきちんと見積もりましょう。

　その際は、移動時間や休憩時間を計算に入れることも忘れずに。スケジュールをたてたら1か月間の業務にもれがないか下記の「1か月のスケジュールチェック表」で確認しましょう。

Check "忘れがちな" スケジュール

忘れがちなのが移動にかかる時間や休憩時間。移動時間は天候や交通事情を考えて余裕を持って時間の設定をしましょう。休憩はリフレッシュのために欠かせないものです。

Check 締め切り日の原則

締め切りが決まっている仕事は、原則として前日までに終わらせていましょう。この場合は、締め切り日の前日が休日なので、2日前までに終わらせるようにします。

これならぼくもできそうな気がしてきました。

1か月のスケジュールチェック表

スケジュールをたてたら、やらなければならないことにもれがないか確認しましょう

- ☑ ショートステイサービスの希望の有無の確認と予約が入っている。
- ☑ 給付管理業務が10日までに終わるようになっている。
- ☑ 介護予防支援の実績報告が、10日までにできるようになっている。
- ☑ 各ご利用者宅へのモニタリング訪問が1回以上ある。
- ☑ 研修の予定が入っている。
- ☑ モニタリング表を書く日・時間を設けている。
- ☑ 支援経過表を書く時間を設けている。
- ☑ 翌月の自分のスケジュールをたてる時間が入っている。
- ☑ サービス提供票を作成・提出する日が記入されている。
- ☑ 担当しているご利用者全員に関する予定が入っている。

年間スケジュールの流れを押さえる

①要介護認定の更新時期を確認する
要介護の新規認定の場合は1年間、更新認定の場合は2年間の有効期間があります。更新の際には多くの業務が発生しますが、申請は有効期間満了日の60日前から行なうことができます。更新の時期を把握して、そのほかの業務を調節するようにします。

②長期・短期目標期間の満了日を確認する
目標期間の満了日の前にサービス担当者会議を開かなければなりません。ケアプランの見直しが発生することも想定して、スケジュールを組みたてましょう。

③季節の変化に注意する
地域によっては季節の変化に注意しなければなりません。例えば雪の多い地域なら、冬は1日の訪問軒数を減らすなど、気候の変化に合わせたスケジュールを組みましょう。

3 こんなときスケジュールはどうするの？

予期せぬアクシデントが起きたときは
ご利用者の転倒、状態の急変、ご家族の病気など、命にかかわるアクシデントが起きた場合は、それを最優先します。そうでない場合は、優先順位をつけて臨機応変に対応を。初対面のときに、「このような場合は、ほかのご利用者を優先することがあります」とお断りをしておきましょう。

サービス担当者会議の日程の決め方は？
サービス担当者会議の日程は、複数の候補日を挙げて、なるべく多くの人が来られる日に決めます。欠席の人には「皆さんはこの日が都合がよいのですが、何とかなりませんか」と再度出席を促しましょう。開催した日に次回の予定日をあらかじめ決めてしまう方法もよいでしょう。

スケジュールが埋まっていなくてもだいじょうぶ？
スケジュールに穴があく原因のひとつに、「しなければならないことがわかっていない」からということがあります。P.8の「1か月のスケジュールチェック表」を参考に、抜けていることがないかチェックしましょう。

スケジュールが押してしまったら

予定どおりに進まなくなった時点で、優先順位をつけてスケジュールの組み直しをします。遅れを一気に取り戻そうとして、肝心なご利用者とのコミュニケーションがおろそかにならないように注意。想定外のことが起こることを考えて、余裕のあるスケジュールを組むことが大切です。

Part1 効率化編 2

Q ケアマネジャーからのSOS

やってもやっても仕事が終わりません。
もう辞めたいです……

A アキねこ先生からのアドバイス

**仕事のムダを省けばだいじょうぶ！
効率よく仕事をすることで心に余裕も生まれます**

　仕事がたまってしまう原因のひとつに、仕事に優先順位がつけられていないことがあります。P.6～9を参考にスケジュールを立て、優先順位をつけて仕事を進めましょう。

　仕事の進め方のどこかにムダはないでしょうか。どうしたら段取りよく仕事ができるのか、いつも考えながら取り組むことも大切です。

　そして、すべてを自分ひとりでやろうと思わずに、チームメイトであるサービス事業所のスタッフや専門職の人たちの手を借りましょう。

1　効率よく仕事を進めるには

あなたを忙しくさせている要因は？

　あるケアマネジャーの1週間の業務時間を調べてみたところ、もっとも時間がかかっている業務が「訪問」と「電話の応対」でした。

　詳しく話を聞いてみると、訪問のときには何も準備をしないでゼロから状況をお聞きしていること、電話も聞いたことをすべてメモして、それを書類に書き直していることがわかりました。

　これでは時間がかかって、ご利用者にも負担になります。電話で聞いたことを記録に残すときに、書きもれや間違えるおそれもあります。訪問と電話の応対を効率よく行なう方法を考えましょう。

メールやFAXを活用しよう

　訪問と電話の応対を効率よく行なうには、事前の情報収集がポイントです。日ごろから、サービス事業所からモニタリング表をもらっていれば、何を聞けばよいのか要点を押さえられているので、訪問時間を短くすることができます(P.12)。

　電話の場合も、あらかじめメールやFAXで報告や連絡をもらっていれば、聞くべきことがわかっているので手短に済ませられます。

　また、報告や連絡は記録が残るものでもらうと、間違いがありません。メールの場合はプリントアウトできるように、事務所のパソコンに送ってもらいましょう。

2 「効率化」の勘違いに注意

時間短縮＝効率化ではありません

やるべきことをせずに時間をつくっても、それは効率よく仕事をしたことにはなりません。ムリなスケジュールや仕事のムダをなくして、やるべきことを明確にするのが、仕事の「効率化」です。ほかの人のフォローを受けながら、やらなければならない仕事はきちんと行ない、ご利用者やご家族と向き合える時間をつくりましょう。

Check
スケジュールをきちんとたてずに仕事をして、行き当たりばったりで周りを振り回してはいませんか？　間に合わないからといってかってに仕事のやり方を変えてはいけません。

こんなケアマネジャーはNG

サービス担当者会議とモニタリングは、まとめてやってしまおう

サービス担当者会議でケアプランを確認してからサービスを開始します。モニタリングは実際にプランがご利用者にとって適切か確認する作業なので、これらをまとめて行なうことはできません。

アセスメントは適当にやって、とにかく早くすませたい

アセスメントはケアプラン作成の土台となる大切な作業です。時には、話を聞くだけではなく、実際にやってもらって確認することも必要になります。時間で切り上げることはできません。

変更するのはめんどう。初めから手厚いプランにしておこう

その時点で必要のない福祉用具などをすすめるのは、本人の自立の可能性を奪うことになります。ご利用者の利益を第一に考えてケアプランをたてましょう。プランの変更をめんどうに思ってはいけません。

自分がラクをしようと手抜きをしてはいけません。ケアマネジャー本来の仕事の姿を忘れずに！

3 効率よく仕事をすれば心の余裕も生まれる

スケジュールどおりに仕事が進めば、時間にゆとりができるので、しぜんと気持ちに余裕が生まれます。気持ちに余裕が生まれると、周囲のことにも目が向きます。ケアプランはご利用者に適切なものなのか、ご家族は満足してくれているか、サービス事業所や専門職の人たちがケアプランを意識して仕事をしてくれているかなど。これらを通して、さらに仕事の質を高められます。

Part1 効率化編 3

Q ケアマネジャーからのSOS
モニタリングに時間を取られ、ほかの仕事をすることができません

A アキねこ先生からのアドバイス
日ごろから情報収集と事前準備を行ない、効率よく回れるように計画をたてましょう

　なぜ、モニタリングに時間を取られるのでしょうか。原因のひとつは、ご利用者の状況を事前に確認していなかったため、何から聞けばよいのかわからないことにあります。また、事前準備ができていないために、ムダ足を踏んでしまったり、近くのご利用者宅を同じ日に回れなかったりということが考えられます。効率よくモニタリングができれば、ご利用者の負担を減らすことができ、ケアマネジャーも心に余裕が生まれて新たなニーズに目を向けることができます。

1 モニタリングの効率化は日常業務から

日ごろからの情報収集が大切

　サービス事業所からモニタリング表をもらったら、内容を確認します。「お変わりなく過ごされました」としか記録がなければ、体調の変化やご家族を含めた生活の変化はなかったのか、ケアプランによる効果はあったのか、ほかに気づいた点は？　など、こちらから積極的に確認をしましょう。特に日ごろの小さな気づきが重要なので、ヘルパーの話をていねいに聞いておきましょう。そうすればモニタリングのときにご利用者に何を聞かなければならないのか、ポイントが明確になります。

> サービス事業所から報告がなかなかもらえないときは、「皆さんのがんばりをきちんと評価したいので出してください」とリクエストするといいですよ。

【事前の情報収集の方法】

情報を集める
モニタリング表をもらい、日ごろから連絡を取ってようすを聞く。

情報を分析する
体調変化や生活上の変化、ケアプランの効果はあったのかなど確認。

情報をもらう →
← ようすを確認する

ヘルパー　　ケアマネジャー

不明点を確認する
モニタリング表だけでわからないことは問い合わせる。

2 よくあるモニタリングの疑問

Q 何度も足を運ぶよりも、電話で話を聞くほうが効率的では？

A モニタリングは、最低月に1回はご利用者のお宅で顔を見て話をしなければなりません。訪問に加えて、電話でご利用者のようすを聞くことは可能です。

Q 1軒だけ離れたご利用者宅があります。デイサービス利用時に確認してもいい？

A モニタリングはご利用者宅で行なうことが法律で決まっています。訪問スケジュールをうまく組むのもケアマネジャーの大切な仕事のひとつです。

Q 「お変わりありません」ということなら行かなくてもかまわない？

A 変化がないというのは短期・長期目標に向かって改善が見られないということ。ケアプランが合っていないのか、ほかに原因があるのか確認が必要です。

Q 訪問したらご本人がいませんでした。ご家族に話を聞けばいい？

A 必ずご本人に話を聞き、会ってご確認しなければなりません。病気などで急に予定が変わることもあるので、当日の朝に電話をして確認するとよいでしょう。

3 効率よく訪問するには

地図でご利用者宅の場所を確認して、効率的に回れるルートを考える

地図を使って、効率よく回れるルートを工夫し、1日に訪問できる件数と日時をうまく調整してみましょう。現在自分がどのようなルートでご利用者のお宅を回っているかを地図上で確認し、よりスムーズに回れるルートを検討してみましょう。

効率よく回れていれば、訪問介護や通所介護の送迎でルートを設定するときに、アドバイスすることもできます。

Check 梅雨どきや雪の日の交通事情も考えて、移動時間に余裕を持たせることも必要。

Check 会社に何人かケアマネジャーがいる場合、エリアを分けて担当するご利用者を決める方法も。

Check 離れたお宅がある場合、ムリして一度に回ろうとせず、別の日に設定しましょう。

Part1 効率化編

Part2 コミュニケーション編 1

Q ケアマネジャーからのSOS
ご利用者やそのご家族と
うまくコミュニケーションが取れません

A アキねこ先生からのアドバイス
相手のことを知り、
コミュニケーションの基本を押さえましょう

　コミュニケーションの基本は、相手の立場にたって理解することですが、私たちは、まだ「老い」を経験していません。また、身をもって家族の介護を体験している人もそれほど多くはないでしょう。経験したことのないことを理解して、相手の立場にたつことは簡単なことではありません。

　まず高齢者の心理の特性を正しく理解し、コミュニケーションの基本的な姿勢を押さえましょう。ご利用者だけでなくご家族にも敬意を持って接することが大切です。

1 高齢者の心理の特性を知る

相反する特性が同居して複雑な心理状態に

①さまざまな面で喪失感がある

　勤め先や仕事からの引退、子どもの独立にともなう喪失感、経済力の低下、家族や友人の死、老化による体の機能の衰えや病気など、年を重ねる過程で、高齢者はさまざまな喪失感を経験します。大きな喪失感は人によっては生きる意欲を失うほど強く作用することもあり、抑うつや不安の原因になることもあります。

②強い自信と自尊心を持っている

　これまでの人生で成し遂げてきたことには、達成感や充実感を感じています。また、豊かな人生経験を重ねることによって、生活の知恵や高度な技術、その人ならではの能力を身につけています。このようなことから、強い自信と自尊心を持っています。この自尊心は喪失感とは正反対のものですが、これらが同居することで、複雑な心理状態になっていることも多くあります。

2 ご家族への接し方

ねぎらいの言葉をかけよう

　それまでご家族だけで介護をしてきたことに対して、まず「よくがんばってこられましたね」と労をねぎらってあげましょう。だれにもわかってもらえない、相談できないという追い詰められた状況で介護をしてきたご家族もいるでしょう。

　そのような人に「私があなたを見ています」と支えになってあげるのがケアマネジャーなのです。相手の立場になることは難しいことですが、「自分はこの人のように介護ができるだろうか」と、敬意を持って接することが大切です。

いっしょに介護する姿勢を見せよう

　ご家族にとって頼りになるのは、いっしょにご利用者を看ようとしてくれる人です。例えば、ご利用者がデイサービスに行くのをいやがっている場合、「こういうふうに言ったらやってみようかという気になってくれた方がいました」と経験から知恵を授けてくれたり、実際にやってみせてくれたりする人です。それまで介護に直接かかわる仕事ではなく、やり方がわからない場合は、現場に行って教えてもらったり、サービス担当者会議で聞いて学んだりするのもよいでしょう。

3 高齢者とのコミュニケーションの基本姿勢を押さえる

高齢者は身体的にも心理的にも個人差が大きいことを踏まえ、その人に合ったコミュニケーションを取るようにしましょう。

Check 相手と向かい合って視線を合わせ、うなずきながら耳を傾けてよく聞こうとする姿勢を取ります。

Check 「明るく笑顔で」が基本。優しさや安心感を与える態度や表情で接します。

Check 耳が遠い、理解の速度が遅いといったことに配慮して、正確にわかりやすく簡潔に話します。何度も同じことを聞かれてもわかるまで説明を。

Check 基本的に言葉づかいは敬語。必要以上にゆっくりと大きな声で話したり、子どもに接するような話し方はしないようにしましょう。

Check 必要に応じて身ぶりや手ぶりなどを加えてわかりやすく。現物を見せたり筆談を交えるのも効果的。

Part2 コミュニケーション編 2

Q ケアマネジャーからのSOS

会話が続かず、すぐ沈黙に……。
どうしたら会話って続けられるの？

A アキねこ先生からのアドバイス

日常の何気ない話題やモニタリングで得た知識を活用しましょう

　なぜ会話が続かないのでしょうか。「相手は高齢だから何か特別な話題が必要」と思っていませんか。高齢者だからといって、難しく考える必要はありません。日常的な話題から気軽に話かけてみましょう。ただし、ご利用者はお友達ではありません。高齢者の心理の特性を頭に入れておき、相手が不快な気持ちにならないように、言葉を選んで話すことが大切です。また、ご利用者から「この人と話したい」と思ってもらえるように、よい聞き手になることを心がけましょう。

1 話題が思いつかないときは

ご利用者の情報が話題をつくる

　まず、その日の天気や季節の話、食事などの何気ないことや、最近の体の調子、毎日どんなことをして過ごしているのかなど、ご利用者自身のことを話題にしてみましょう。それにはサービス事業所や他職種からもらう情報が役にたちます。ご利用者の仕事や趣味、子育てなどについて話をすれば、ご利用者のことをより深く知ることができ、心を開いてもらうきっかけになるかもしれません。また、ニュースで取り上げられていた高齢者の事件や事故を話題にすれば、注意を喚起（かんき）することもできます。

話題をつくる声かけ例

- 今日はお天気がよくて過ごしやすいですね。
- ずいぶん寒くなってきましたが、かぜをひいてはいないですか。
- 今日はとても暑いですが、水分は十分にとっていますか。
- この前お会いしたときよりもお元気そうですね。
- 昨夜はよく眠れましたか。
- お昼に何を召し上がりましたか。
- 支えなしで立ち上がれるようになられたんですね。
- いつも食事の配ぜんを手伝ってくださっているそうですね。
- そのお洋服、よくお似合いですね。
- 庭のお花がきれいですね。
- ○○のお仕事をされていたのですか。

2 意欲を高める声かけをしよう

4つのキーワードを意識する

　どんな人でも、自分がかけがえのない存在であり、生きている価値があると考えるのには、人から褒められたり認められたり、必要とされている、愛されていると感じることが欠かせません。これまでの人生に対して自信と自尊心を持つ一方で、さまざまなことについて喪失感を抱いている高齢者ならなおさらのことです。ご利用者の生きる意欲を高めることができるように、「褒める」「認める」「必要とする」「愛す」の4つのキーワードが表現できるフレーズを押さえておきましょう。

①褒める

「〇〇さんの絵を見ましたよ。すてきですね」
「いつもお洋服のセンスがいいですね」
「お若いですね」「私にはとてもまねできません」
「〇〇ができるようになったそうですね」

②認める

「私もそう思います」「さすがですね」
「よくがんばっていらっしゃいますね」
「そうするのがいいと思います」
「お話がとても勉強になります」

③必要とする

「〇〇さんにお会いしたかったんですよ」
「いつも〇〇さんに元気をもらっています」
「〇〇さんがいないとうまくできないそうですね」
「〇〇さんがいらっしゃると助かります」

④愛す

「毎回、お話しするのが楽しみです」
「〇〇さんのお話を聞くのが好きなんです」
「〇〇さんの参加を皆さんが待っていますよ」
「また来ますね」「またお話しましょう」

3　ありがちな失敗例から声かけのコツを探る

声かけで失敗してしまうのはなぜ？

　何気ないひと言がご利用者を不快にさせたり、意欲を失わせてしまうことがあります。それは高齢者の心理の特性をきちんと理解していないため、気持ちに寄り添うことができていないからです。言われたことに対して、うまく答えられなかった場合も同様です。ご利用者はスムーズにコミュニケーションを取れる方ばかりとは限りません。失敗したと思ったときは、状況を思い返してどんなふうに言えばよかったのか考えることが、じょうずに声かけができるようになるコツです。

言ってしまいがちな言葉の例

上から目線で要求する

NG　「サインしてください」「〇〇さん、ちゃんとこっちで」

OK　「この欄にお名前を書いていただけますか」「〇〇さん、こちらに座っていただけますか」

➡ 高齢者は言われたことを素早く理解して反応できないことがあります。不安な気持ちにさせないように、はっきりした口調でゆっくりと、具体的にどうすればよいのか声をかけましょう。

自分のことばかり話して、相手は置いてけぼり

NG　「〇〇さん、和菓子がお好きなんですか？　私はケーキが好きで、このあいだ友達と……」

OK　「〇〇さん、和菓子がお好きなんですか？　洋菓子派の私におすすめのものを教えてください」

➡ 会話の糸口をつかむために自分のことを話すのはかまいませんが、主役はご利用者です。相手から話を引き出して聞き手となり、会話の中からニーズをくみ取るように心がけましょう。

大切なご利用者に、なれなれしい言葉づかい

NG　「おばあちゃん」「お母さん」「〇〇ちゃん」

OK　「〇〇さん」「〇〇様」

➡ ご利用者はご家族でも友達でもありません。親しみを込めているつもりでも、ご利用者は不快に思うかもしれません。人生の先輩として尊敬の気持ちを持ち、名前で呼ぶようにしましょう。

取り調べのような話し方

NG　「最近はどこへ行きましたか？　そこへはおひとりで？　行った目的は？」

OK　「いい陽気になりましたね。最近はどこかにお出かけされましたか」

➡ 相手のことを知ろうとするあまり、強い口調で畳み掛けるように質問すると、委縮して返事ができなくなることも。軟らかい口調で質問をし、答えは最後まで聞きましょう。

返事に困ることを言われたときの返し方

「せっかくだから食べていってね」とお菓子をすすめられたら

- **NG**「おいしそうですね、いただきます！」「余った物をもらっていきますね」
- **OK**「ありがとうございます。お気持ちだけいただきます」
- → 物をもらったりご馳走になったりするのは法律違反です。物をもらってはいけないことをきちんとお伝えしましょう。お礼の言葉も忘れずに。

「前の担当者はやってくれたのに」とクレームを言われたら

- **NG**「前は前です。今は私たちのやり方に従ってください」
- **OK**「そうなんですか、前のやり方もありますが、介護保険でできないこともあるんですよ」
- → クレームではなく、困っていることをわかってもらいたいのかもしれません。状況をよく見て、ご利用者が何を言おうとしているのか見逃さないようにしましょう。

「どうせよくならないのだから、もういいよ」と愚痴を言われた

- **NG**「そうおっしゃらずにがんばってくださいよ」
- **OK**「今日はコースの半分も歩けたじゃないですか」「〇〇さんのペースでいいんですよ」
- → 思うようにリハビリの成果などが出ないときは、どうしてもネガティブな思考になりがち。励ますだけではなく、がんばりを認めてポジティブになれるような声かけを心がけましょう。

声かけでご利用者を元気に *column*

私が担当しているご利用者に、脳梗塞のために半身が麻痺して、もう生きていたくないと希望を失っている方がいらっしゃいました。私はお宅を訪問して帰るときに健側の手と握手して、「〇〇さんの手、こんなに温かい。癒されます。また来てもいいですか」と声をかけました。その言葉でご利用者の心を開くことができ、次にうかがったときは笑顔で迎えてくださいました。そして、リハビリにも前向きに取り組んでくださるようになり、徐々に元気を取り戻してくださいました。

高度な医療技術と最新の設備だけでは、人を元気にすることはできません。人が人を元気にするのです。ケアマネジャーはそれを実践できる仕事です。あなた次第でご利用者が意欲を持って生きられるようになることを忘れないでください。

Part2 コミュニケーション編 3

Q ケアマネジャーからのSOS
ご家族の主張が強く、要望も多いためどう答えていいかわかりません

A アキねこ先生からのアドバイス
ご家族はもっとも身近な介護者です。話に耳を傾け、ご家族といっしょに支えましょう

ご家族の主張が強く要望が多いのは、それだけご利用者のことを心配しているからです。その場しのぎのいい加減な返事をしたり、質問にきちんと答えずにはぐらかしたりしていると、ご家族からの信頼を失うことになります。

またご家族の話に耳を傾けるのは必要なことですが、要望をすべて聞き入れて振り回されてもいけません。話を聞いたうえで、こたえられない要望については、なぜできないかきちんと説明しましょう。質問に即答できなければ、調べて後日返事をするようにしましょう。ケアマネジャーとして誠実に対応することが大切です。

1 ご利用者、ご家族双方の話を聞こう

ご利用者の意向は必ず確認する

ご家族が同席して面接をする場合、会話の主導権をご家族が握ることがあります。そのまま話が進むと、ご利用者に言いたいことがあっても言えずに終わってしまう可能性があります。そしてその場の話だけがケアプランに盛り込まれると、ご利用者のニーズが反映されないことに。

このような場合は、ご家族の話が一段落したところで、「では、次はご本人からお話をお聞きしますね」とか「〇〇さんはどう思われますか」と、ご利用者からも話を引き出しましょう。ご利用者とご家族の互いの悪口や愚痴が出てきた場合は安易に同調しないで、第三者としての客観的な立場を保つことが必要です。

Check ご利用者とご家族の主張が食い違うときは？

まず、どちらか一方の肩を持つことは避けましょう。サービス事業所やヘルパーなど、周囲にヒアリングをして情報を整理し、本当のところを確認し、最適と思われる判断をしましょう。お互いに気まずさや遠慮があって本音が言えない場合は、別々に面接する機会をつくるのもひとつの方法です。

ご利用者とご家族、両者を支えようという姿勢で話を聞きましょう。

2 困ったご家族への対応

きちんと対応して信頼関係を築こう

ご家族と話をするときは、まず「よくがんばっていらっしゃいますね」と労をねぎらいましょう。ほかの人に理解されなくても「私があなたを見守っています」というメッセージを発信することで、ご家族の支えになり、介護の負担を少しでも軽くすることにつながります。一見無理と思うようなご家族からの要望も、状況をよく見て話を聞くとSOSの裏返しだった……ということもあります。ご家族の話は真摯に受け止めて、よい関係を築きましょう。

Q ご家族から理不尽な要求をされます

A ご家族から突然電話で「ケアプランを今すぐに変更してほしい」「忙しいからモニタリングで家に来なくていい」などと言われた場合、ケアマネジャーは介護保険の制度上「できること、できないこと、やらなければならないこと」をご家族にも説明しなければなりません。ご利用者のために、法で定められたルールに沿って進めていることをご家族にも理解してもらいましょう。

Q ご家族がご利用者の機能訓練やリハビリに消極的です……

A リハビリは「その人らしく生きる権利の回復」を目ざすものです。ご家族が「高齢だからムリしてがんばらせるのはかわいそう」と言っても、ご本人が「自分の足で歩きたい」「ひとりで食事がしたい」「あきらめないで機能訓練をしたい」などと思っていたら、それをくみ取って、ケアプランを提案するべきです。
ご本人に希望の確認をしてご家族に理解をいただき、取り組みを支えましょう。

Q 介護疲れしているご家族への声かけはどうすればいいですか？

A 「がんばりすぎないでくださいね」「いつでも相談してください」などと声かけをするとともに、「夜中に起こされて眠れない」など、ご家族が具体的にどんなことで疲れているのか聞き出します。疲労の度合いを測り、負担が重すぎるようなら、ショートステイを利用して休むことをすすめるなど対策を考えます。思いやるだけでなく、冷静に状況を把握して対処することも必要です。

Q ご家族が医師の処方と異なる市販の薬を使っていて、言ってもやめてくれません

A まず、服用している市販の薬がご利用者にとって適切なものなのか、医師に確認します。そして、ご家族になぜ市販の薬を使うのか聞いてみましょう。ご家族は医師が処方する薬の効果に疑問を抱いているのかもしれません。ご家族と医師の信頼関係がうまく築けていない可能性があります。
ご利用者やご家族と医師がよい関係を築けるように日ごろから報告・連絡・相談をして、うまくつないであげましょう。

「ご利用者の自立支援」＝「ご家族自立の支援」でもあります。
ご家族も幸せになってほしいという気持ちを持ちましょう

Part2 コミュニケーション編 4

Q ケアマネジャーからのSOS

認知症の人への対応がよくわかりません

A アキねこ先生からのアドバイス

認知症について理解を深め その人に会わせたケアを考えましょう

認知症の人にうまく接することができないのは、基本的な知識を把握できていないためです。認知症の主な症状は記憶障害。今やったことを忘れてしまい思い出せなくなるためその本人も不安や恐怖を感じてしまいます。また、周囲の人にはなかなか理解されにくいため、強いストレスも感じています。認知症の人が頼りにするのは、自分を理解してくれる人です。「この人は私のことを考えてくれている。すべてをまかせておけば安心だ」と信頼してもらうことが大切です。

1 認知症の基礎知識

認知症の理解を深める

認知症とは、脳の細胞が死んだり働きが悪くなったりしたためにさまざまな障害が起こり、生活するうえで支障が出ている状態をいいます。症状は、記憶障害や自分がどこにいるかわからなくなる見当識障害などの中核症状と、それにともなって起こる周辺症状があります。周辺症状は、妄想、幻覚、攻撃的な行動、徘徊などさまざまなものがあります。認知症は、周囲の理解と働きかけ、環境によって改善されることも多くあり、そのためにはケアマネジャーが適切にアセスメントし、ケアプランを作成することが重要です。

認知症の高齢者に対する接し方

1.相手に安心感を与える

自分が以前より物事がうまく行なえないことに対して、本人は不安や恥ずかしさを感じています。ご本人が安心して生活できるよう、こちらから声かけをし、要望を確認するなどの配慮をしましょう。

2.よい感情を残す

認知症が進行すると、物事の事実関係は忘れ、そのときの感情だけが心に長く残ります。高圧的な言葉や態度は避け、やんわりと優しく接し、よい感情を残せるようにしましょう。

3.本人のペースに合わせる

思考や動作が遅くなるため、一度に処理できる作業量が減り、時間がかかってしまいます。しかし、時間はかかってもできることはあるので、急かさず、本人のペースに合わせましょう。

2 周辺症状のタイプとコミュニケーションを取るコツ

3つのタイプの特徴をつかむ

まずは、ご本人やご家族にアセスメントをして「いつ」「どこで」「どんなとき」に周辺症状が起きるのか、症状が出ないのはどんなときかを、よく確認します。合わせて、周辺症状が起きる原因も把握しておきましょう。周辺症状は、主に3つのタイプに分けられます。アセスメントで確認した内容を基にタイプを把握し、それに合わせたコミュニケーションのポイントを押さえましょう。また症状には個人差があるため、主治医や専門家に意見を求めるのも有効です。

①葛藤(かっとう)タイプ

症状：暴力、被害妄想など
ケアポイント：症状が出るようになった動機やきっかけを探し、解消しましょう。

会話のコツ

例）「これはゴミじゃない！　触るな！」
　✕「ゴミですよ！　捨てましょう！」
　○「これよりももっといいものがありますよ」

例）「夕食はまだですか？」
　✕「さっき食べたでしょう！」
　○「今準備しているので、もう少し待っていてくださいね」

②遊離(ゆうり)タイプ

症状：無気力、無関心
ケアポイント：ご本人にとって、居心地の良い環境をつくってあげましょう。

会話のコツ

例）「洗いものなんてしたくないよ」
　✕「いいから早くやってください」
　○「いつも助かっているんですよ、ありがとうございます」

例）「もう何もしたくない」
　✕「じゃあそこに座っていてください」
　○「いっしょにお花にお水をあげましょう」

③回帰(かいき)タイプ

症状：幻覚、妄想、徘徊など
ケアポイント：ご本人に合わせ、いっしょに回帰してあげましょう

会話のコツ

例）「早く会社に行かなきゃ！」
　✕「もう行かなくていいんですよ」
　○「今日はお休みですよ。また明日ですね」

例）「自分の荷物が取られた！　泥棒がいる！」
　✕「またですか？　ありますよ」
　○「それは大変です。いっしょに探しましょう」

Part2 コミュニケーション編 5

Q ケアマネジャーからのSOS
上司はお金のことばかり。そんな上司とうまくやっていく自信がありません

A アキねこ先生からのアドバイス
利益を意識して仕事をすることも大切です

上司にいつも売上のことを言われると、ご利用者よりも利益が優先なのだと、がっかりすることもあるでしょう。しかし、私たちは事業として介護支援の仕事を行なっています。売上が上がり利益が出ないと事業を続けることができませんし、給与ももらえません。また、利益や売上はご利用者の満足があってこそアップするもの。つまり、よい仕事をしなければ、売上や利益は上がらないということになります。売上や利益とご利用者の満足は、決して別のものではないのです。

1 利益を生み出していることを伝えよう

目に見える形で成果を示す

上司は日ごろのあなたの働きを見ることはできないので、仕事ぶりを目に見える形で示してあげることが必要です。例えば、モニタリングの帰りに病院に立ち寄って営業しているなど、具体的な行動を月間スケジュールの共有や日報などで伝えましょう。また、上司や管理者、経営者といった人たちは成果を数字で判断することが多いものです。担当しているご利用者数や、アセスメントやモニタリングをきちんと行なって運営基準減算となっていないことも、給付管理で示しましょう。

伝え方 その①

スケジュールの活用
自分が今何人のご利用者を担当しているのか、いつどこに営業に行くのかなど、具体的な内容を月間スケジュールを活用して示しましょう。

伝え方 その②

給付管理とともに報告
月の初めに行なう給付管理業務をする際に、担当者数や運営基準減算に当たることを行なっていないことを、帳票管理シートも活用しながら報告する。

2 ボスマネジメントしよう

ボスマネジメントで仕事をしやすくしよう

　上司の心を変えることは難しいし、上司を選ぶこともできません。でも、自分が変わることはできます。上司は部下に指示を出す人、部下は出される人という発想を変えて、部下が自分の仕事をしやすいように上司をコントロールし、積極的に後押ししてくれるような状況をつくるのです。これをボスマネジメントといいます。上司は成果や能力を評価するだけでなく、仕事を教えてくれたり、クレーム処理や謝罪をしたりしてくれる存在。自分のために気持ち良く動いてくれるようにしましょう。

ボスマネジメントのポイント

①上司を変えようと思わず、相手の個性に合わせて自分の行動を変える。

②報告・連絡・相談をこまめにして、上司に「知らない」と言わせないようにする。

③上司の視点にたって、求められることを一歩先回りする。

④上司の好む仕事の進め方に合わせて動く。

⑤上司を褒めて、信頼関係を築く。

3 上司と良好な関係を築くコツ

合わない上司とうまくやっていくには

　上司はこれまでいろいろな仕事の経験を積んできた人です。この人とは合わないと思うと、相手の欠点ばかりが目につくものですが、相手を拒絶するよりも、上司の経験や長所から学んで自分のものにする方がトクです。そのためには相手に興味を持ってかかわることが大切です。

Q 話しかけにくい上司とコミュニケーションを取るにはどうしたらいい？

A 人には頼りにされたいという欲求があるので、相談を持ちかけるのがいいでしょう。「学ばせていただく」という姿勢が大切です。「的確なアドバイスをありがとうございます」「理解しました」などと答え、相談ごとについてまめに報告をすると効果的です。

Q 上司が優柔不断で明確な指示をもらえず困っています。

A 組織として動いている以上、上司の指示は仰がなければなりません。自分で判断し指示できないタイプなら、いくつか選択肢を用意して指示を仰ぐといいでしょう。

Q 上司の指示や説明がわかりにくくて、正しく理解できません。

A 自分がわかることは人もわかっていると思って話しているため、話がわかりにくいのでしょう。最後まで話の腰を折らずに聞いて、わからないことや言葉をメモしておき、ひととおり説明が終わってから確認をするようにしましょう。

Q 上司にプライベートのことをしつこく聞かれたり、飲みに誘われたりで困っています。

A ひんぱんに誘われるようなら、習いごとやスポーツジムに行く、資格取得の勉強をしたいなどの理由で、ソフトに断るのがいいでしょう。プライベートなことを聞かれたら、逆に質問をして聞き役に回り、こちらの情報については「これ以上は秘密です」「ご想像にお任せします」などと言って、最小限の返事に抑えましょう。

相手を傷つけることなくうまく接していきましょう。

Part2 コミュニケーション編 6

Q ケアマネジャーからのSOS
周りの人たちはとても忙しそう。
こんな状態でチームケアと言われても……

A アキねこ先生からのアドバイス
**ご利用者とご家族をさまざまな人とつなぐのが仕事！
役割を果たせるように連絡・調整をしましょう**

　ご利用者のケアには、多くの専門職や業者、ボランティアなどがかかわります。ひとりのご利用者のためにひとつのケアチームができるわけです。ケアマネジャーはご利用者の希望をかなえるために、チームの心をひとつにしてケアが行なえるように、連絡と調整をするのが役割です。それは「ひとりですべてに責任を持って判断する」ということではありません。問題にはチーム全体で取り組めばよいのです。メンバーには「協力をお願いします」という姿勢で接することが大切です。

1　ケアチームにおけるケアマネジャーの役割

ケアマネジャーはチームの要（かなめ）

　ひとりのご利用者は、医師や看護師、薬局の薬剤師、理学療法士や作業療法士、保健師や栄養士、ヘルパーなど多くの専門職がかかわります。専門的なサービスうまくコーディネートし、地域とも連携してご利用者とご家族に橋渡しをするのが、ケアマネジャーの仕事です。ケアマネジャーはご利用者の幸せプランを実現するために、ケアチームの先導役となって、チームが動きやすいように連絡と調整を行ないます。ケアマネジャーはチームを束ねる要なのです。

地域のインフォーマルサービスを活用しよう

　ご利用者にとって必要なサービスが足りないときは、介護保険制度に当てはまらないインフォーマルサービスから利用できるものを探します。インフォーマルサービスには、民生委員や社会福祉協議会など介護保険制度以外の制度や、地域のボランティア活動などがあります。さらに、スーパーの宅配サービスをはじめ利用できるものはすべてインフォーマルサービスと考えられます。調べたことは社会資源調査票にまとめておき、ケアプランの原案となるサービス計画書を作るときに活用しましょう。

【インフォーマルサービスの例】

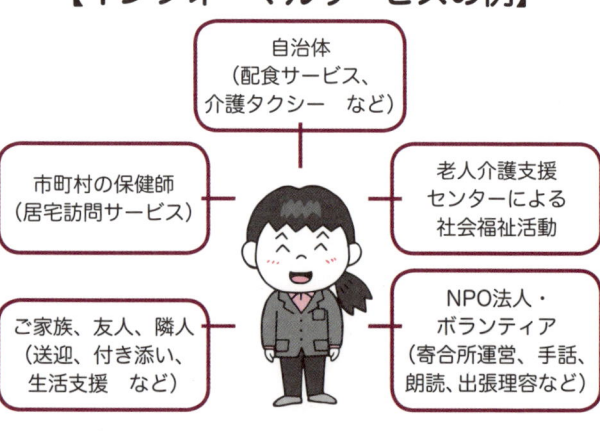

2 情報の共有でチームをまとめよう

共通認識を持つ

ご利用者のケアについてチームが共通認識を持ついちばんの場はサービス担当者会議です。それぞれの立場からケアプラン原案を検討してもらい、決定後は、役割の分担を確認します。ケアプランの開始後は、支援経過表やサービス事業所からのモニタリング表、訪問サービス・他職種への状況の確認の電話やメール、医師の意見などのうちから、開示できる情報をチーム内で共有します。

共有方法を考える

情報をもらうときは、ご利用者の状況の何について知りたいのか、どんな情報が欲しいのか聞きたい内容を整理して、わかりやすく簡潔にまとめてお願いします。こちらから情報を出す場合も同様です。集めた情報から、何をどの範囲に知らせるのか、どんな方法がよいのかを考えるのも重要なことです。また、個人情報がもれることがないように管理は厳重にしなければなりません。

チームメンバーとの情報のやりとり

ご利用者　　ご家族

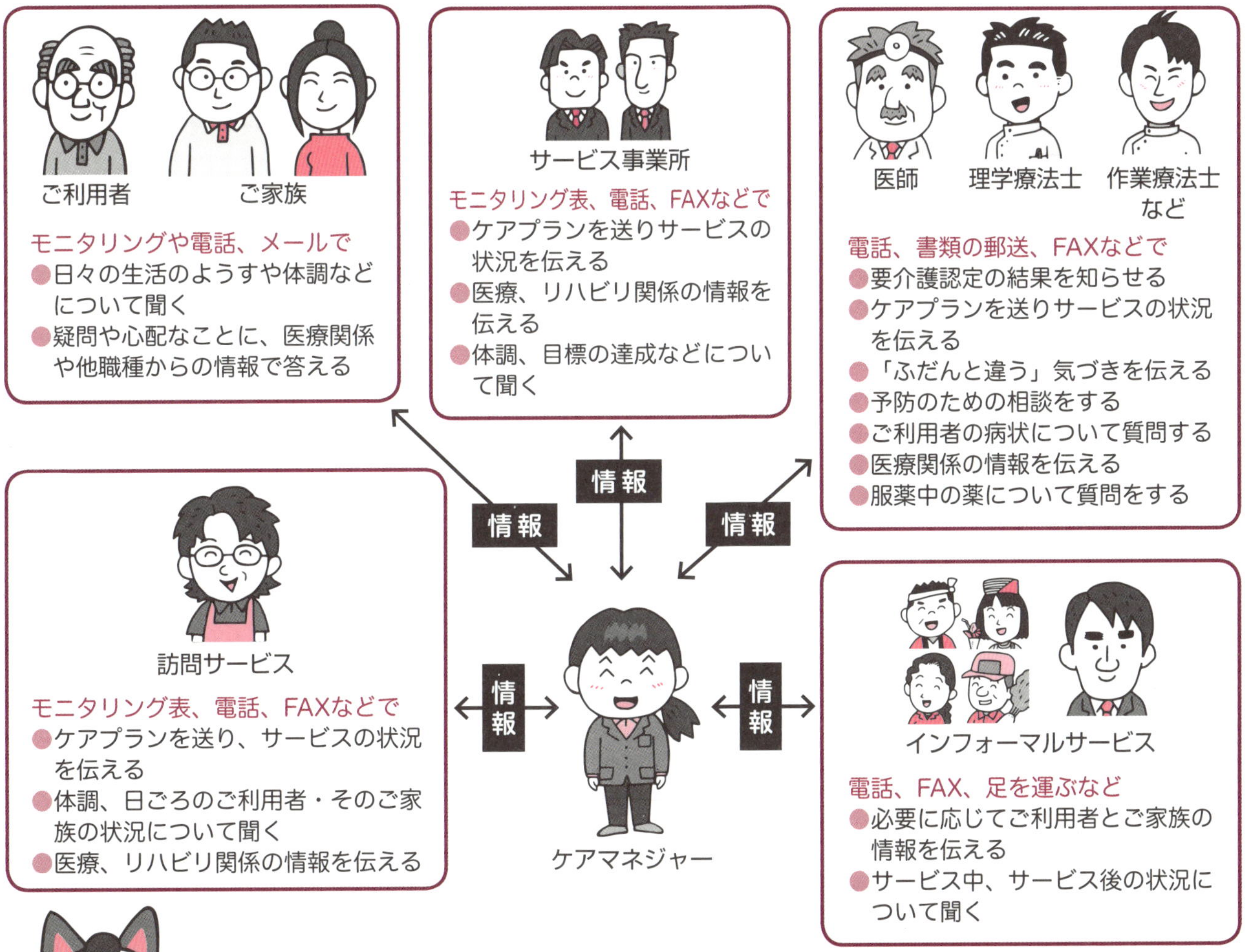

モニタリングや電話、メールで
- 日々の生活のようすや体調などについて聞く
- 疑問や心配なことに、医療関係や他職種からの情報で答える

サービス事業所

モニタリング表、電話、FAXなどで
- ケアプランを送りサービスの状況を伝える
- 医療、リハビリ関係の情報を伝える
- 体調、目標の達成などについて聞く

医師　　理学療法士　作業療法士など

電話、書類の郵送、FAXなどで
- 要介護認定の結果を知らせる
- ケアプランを送りサービスの状況を伝える
- 「ふだんと違う」気づきを伝える
- 予防のための相談をする
- ご利用者の病状について質問する
- 医療関係の情報を伝える
- 服薬中の薬について質問をする

訪問サービス

モニタリング表、電話、FAXなどで
- ケアプランを送り、サービスの状況を伝える
- 体調、日ごろのご利用者・そのご家族の状況について聞く
- 医療、リハビリ関係の情報を伝える

ケアマネジャー

インフォーマルサービス

電話、FAX、足を運ぶなど
- 必要に応じてご利用者とご家族の情報を伝える
- サービス中、サービス後の状況について聞く

ご利用者の開示可能な情報はチームで共有し、各専門職の知識や技術を活用してケアに取り組みましょう！

3　インフォーマルサービスを生かしたチームケアの例

チームの力でご利用者を守ろう

ケアプランの原案を作る際は、ご利用者とご家族のニーズを解決するため、最適と思われるサービスを検討します。地域のあらゆるサービス事業所やインフォーマルサービスの特色を把握して、チームケアに生かせるようにしておきましょう。

また、インフォーマルサービスの内容や人員は地域によって異なり、変更もあるので、常に最新の情報を仕入れておくようにします。

Case1. ひとり暮らしを続けたいAさん（78歳）

心疾患で1か月の入院から自宅に戻ったAさんは、元気がなくなり引きこもりがちに。ぼんやりして家事もやる気が起こらないようすに、近くに住む息子さんはこのままでは病気が悪化し、認知症にもなってしまうのではないかと心配しています。しかし、Aさんはひとりで自宅に暮らしたいと希望しています。

- 【訪問介護】食事作りや洗濯、掃除などの援助。ヘルパーがすべて行なうのではなく、できるところはご本人がやるようにする。食事や排せつ、睡眠、服薬の確認をヘルパーといっしょに行なう。
- 【主治医】定期的に診察し、心疾患の管理と認知症の予防についてアドバイスする。
- 【自治体】通院のためのバスの、無料パスを申請。
- 【配食サービス】訪問介護のない日に1食分利用する。
- 【町内会】老人会のお茶会に出席するように声かけをしたり、ご利用者がひとりの日にようすを見に行ってもらったりする。

Case2. 歩行を改善して外出もしたいBさん（73歳）

脳卒中の後遺症で半身にマヒが残ったBさんは、トイレや入浴は奥さんの介助を受けて生活しています。奥さんも介助の疲れから腰を痛めてしまいました。Bさんは共倒れになるのではと心配し、奥さんに負担を掛けないですむように、リハビリをして歩行を改善し、外出もできるようになりたいと思っています。

- 【通所リハビリ】デイケアで下肢のリハビリを行ない、筋力をつけてバランス能力の改善を図り、手すりや杖を使って歩けるようにする。
- 【福祉用具のレンタル】ベッドに付ける手すりなど、必要に応じて福祉用具を借りる。
- 【住宅設備業者】必要なところに手すりを設置。玄関や門までの段差をなくす。
- 【ボランティア】外出時に、付き添いサービスをしてもらう。
- 【ショートステイ】Bさんの健康管理とともに、奥さんが休息できるようにする。

ご利用者の
ご要望に合わせて、
協力を
仰ぎましょう。

Case3.
認知症の症状が目だつようになってきたCさん（82歳）

2年ほど前から物忘れが目だつようになってきたCさんは、娘さんの家族と同居しています。昼間ひとりで家にいることが多いため足腰が弱くなることと、刺激のない生活のために認知症が進行することが心配です。出かける機会を増やして心身に刺激を与え、なるべく長く現状を維持して自宅で生活したいと思っています。

通所介護 外出することで生活にリズムをつける。軽い体操やレクリエーション、人との会話などで脳と体に刺激を与える。

ボランティア ご利用者の話し相手になってもらう。

社会福祉協議会 ひとりでいるときに、地域の見守りネットワークを利用する。

スーパーの配達サービス 荷物を持てないためにできなかった買い物をする。

NPO法人の相談センター 家族の会など、ご家族がいつでも相談できる窓口を紹介する。

column
医療と介護の連携について

多くの人は「できるだけ住み慣れた地域で、役割をもって自立した生活をし、ピンピンコロリとあの世に行きたい」と望んでいます。退院後、病気の障害が残った場合、自分が望む住宅生活をするためには、介護サービスを受ける必要に迫られるかもしれません。入院日から直ちに、医療と介護にかかわるスタッフが、密接に連携して、退院後も切れ目のない最善のサービスを提供していく必要があります。そのためには、介護サービスの提供において中心的な役割を担うケアマネジャーの役割が重要になります。しかし現在では、かかりつけ医をはじめ医療機関の医師とケアマネジャーの連携は十分でないといわれています。

ケアマネジャーの約8割が「医師と連携が取りにくい」と言っています。理由は「『忙しい』と言って、会ってもらえない」、「敷居が高く、面接を頼みにくい」などだそうです。

確かに多くの医師は、昼間は外来診察、検査、手術、病棟回診、往診などで、昼食を食べている時間がないぐらい忙しく働いています。夕方の診療後も、会議や研究会などで忙しい日々を送っています。ケアマネジャーとの面談が必要であることがわかっていても、面談時間が取りにくいのが現実です。

日本はこれからますます、入院期間が短くなっていきます。そのため、退院後に家で生活をするために、どんなサービスをどのくらい使うのかなどの準備が、入院直後から必要になってきます。医療を行なう医師の多くは、介護保険の知識が乏しく、ケアマネジャーの多くは、医療の知識が乏しいので、退院後に最善の医療介護サービスを提供する計画をたてることは簡単ではありません。医師とケアマネジャーが、協同してよい計画をたてるためには、医師は介護サービス、ケアマネジャーは医療の知識を持つことが重要です。

わが国では、地域包括ケアに向けて、いろいろな施策が始まっており、今後ますます病院や施設から、短期間での退院・退所が迫られてきます。ケアマネジャーのケアプランを基に、デイサービス、ショートステイ、訪問看護、訪問介護の各事業所がサービス計画をたてて、サービスを実行していきますが、有効的、効率的にサービスが提供されていかなければなりません。将来認知症の人が増えてきます。認知症の人は、胃ろう、住宅酸素、インスリン注射などの医療処置が必要な人が多く、ケアマネジャーはこれらの医療知識も必要になります。

今後、医療・介護費の節約のため医療と介護の一体化が進められていきます。障害のある高齢者に、家で「役割を持ち、自立支援に向けた生活をしてもらう」ために、医師もケアマネジャーも、医療と介護の両方の知識が必要になります。

これからは、医師とケアマネジャーが、医療と介護の勉強会を定期的に行ない、知識を増やし、コミュニケーションを深めることが大切です。

医療法人社団いでした内科・神経内科クリニック
理事長・院長　井手下　久登

Part2 コミュニケーション編 7

Q ケアマネジャーからのSOS
職場の雰囲気はいつもギクシャク。
こんなところで働きたくありません

A アキねこ先生からのアドバイス
周囲を変えるにはまずあなたが変わることです

　職場でのイライラした気持ちを引きずったまま、ご利用者のお宅を訪問すると、気持ちが落ち着いていないため、きちんと対応できないことがあります。それがクレームにつながると、あなただけでなく会社にもマイナスです。いい仕事をするためにも、職場の雰囲気はよくしたいもの。他人を変えるのは簡単ではありませんが、まず自分が変わる努力をしてみましょう。自分が変わればだんだんと周りの人も変わって、職場の雰囲気はよくなるでしょう。

1 あいさつはコミュニケーションの基本

相手の心を開く言葉かけを

　ご利用者やご家族、他社の人が職場を訪れたときは、それが自分のお客様でなくても、「おはようございます」「こんにちは」としぜんにあいさつが出るもの。では同僚のケアマネジャーが外出先から戻ってきたときはどうでしょう。忙しくて知らん顔をしていませんか。相手の顔を見て「お帰りなさい」「お疲れ様です」と声をかけてみましょう。相手も悪い気はしないはず。「挨拶(あいさつ)」という文字には「自分の心を開いて近づく」という意味があります。だれに対しても毎日自分からあいさつしていると、相手も心を開いてくれるようになります。

あいさつのポイント

あいさつをしないと、無視していると思われることも。「あ・い・さ・つ」で忘れないようにしよう。

- **あ**：明るくアイコンタクト。笑顔で目を見て。
- **い**：いつでも・どこでも・だれにでも場合によっては目礼にするなどていねいさは違っても、必ずあいさつする。
- **さ**：先に。相手がするのを待たず自分から。
- **つ**：続けて。今日も明日もあさってもあいさつは続ける。あいさつにひと言加えて会話を続ける。

「ご苦労様」は、昔お殿さまが家来に使っていた言葉。目上の人には使ってはいけません。

あいさつの言葉

出かけるときは→「行ってきます」
帰ってきたときは→「ただいま」
外出する人へ→「いってらっしゃい」
帰ってきた人へ→「お帰りなさい」
　　　　　　　→「お疲れ様です」
仕事が終わったとき→「お疲れ様です」

2 先輩とのコミュニケーション

相談できる先輩をつくるには

さまざまな業務をひとりで行なわなければならないケアマネジャーにとって、相談できる先輩は貴重な存在です。注意されたときも、「でも」と言い訳せず、まずはすなおに耳を傾けるのが基本。言いにくいことを指摘してくれる先輩こそ大切にし、日ごろから敬意を示しましょう。

Q いつも無愛想で忙しくしている先輩しかいないので、相談しにくいです。

A 「お聞きしたいことがあるのですが、いつならお時間をいただけますか」と率直に聞きましょう。アドバイスされたことについては経過報告を忘れずに。また、その場のほかの人にも意見をもらえば、相談し合う雰囲気ができて話しやすくなります。

Q 周囲にあわせようとせず、自己流でかってに仕事をする先輩がいて困ります。

A 独自のやり方で仕事をしている人に「ここにはここのやり方がある！」と頭ごなしに否定するのはNG。もしかしたら職場の改善点にいち早く気づいているのかもしれません。まずは自己流で仕事をする理由をきちんと確認してみましょう。

3 同僚や後輩とのコミュニケーション

相手の気持ちを考えて

職場に業務の忙しさや悩みを共有し合える相手がいるのはとても心強いもの。しかし、相手が同僚や後輩だからと、なれなれしい態度を取ったり、相手の気持ちを考えない言動には気をつけなければなりません。お互いを認め、間違ったことはきちんと指摘して、高め合える存在になりましょう。

Q 仕事のしかたやミスを注意しても、言い訳ばかりして、すなおに聞き入れない後輩がいます。

A まずは「失敗したら謝る」「アドバイスを受けたらお礼を言う」の2つを習慣づけさせます。そして言い訳の状況説明には、きちんと耳を傾けましょう。その説明から失敗の過程や本当の原因、どんなアドバイスをすればいいかが見えてくるでしょう。

Q こちらが指示を出しても無反応で、何を考えているのかよくわかりません。

A こちらの指示に対して返事をしない人には、「今の説明でわかった？」と念押しして復唱させましょう。曖昧な指示は避け、「してほしいこと」を簡潔に伝えることが大切です。最後に「わからなければいつでも聞いて」とフォローも入れましょう。

Part3 仕事のコツ編 1

Q ケアマネジャーからのSOS
書類ってどうも苦手で……。
うまく書けないし、整理や保管もめんどう

A アキねこ先生からのアドバイス
基本を押さえれば、だれでも書類は書けます。
作った書類はきちんと整理、保管しましょう

　アセスメントシートやサービス計画書などの公的な書類のほかにも、ケアマネジャーが日々書かなければならない書類はたくさんあります。例えば、サービス担当者会議への出席依頼書、それをFAXで送るときのFAX送付状、医師に意見を聞くときの依頼書や自社内での書類、伝言のメモなど。多くの「書類」があるのはケアマネジャーの仕事の中心が連絡と調整だからです。その書類が何のために必要で、だれに何を伝えるためのものなのかがわかれば、書きやすくなります。

1 必要な書類を把握しよう

いつ？　何のために必要？

　ケアマネジメントに必要な書類は、業務の流れに沿って図のように整理するとわかりやすいでしょう。書類をまとめていくことで、ご利用者のケアについて考え方を整理することができます。このほかに、他職種への連絡・調整用に使う書類や、業務を依頼するときに使う書類など、さまざまなものがあります。これらは専用の用紙が会社に用意されていたり、なければインターネットでフォーマットをダウンロードできるものもあります。

Check　支援経過表（第5表）はいつ作成する？
介護支援の受付をしたときから書き始めます。いつ、だれが、何をどのように行なったかを整理して、その日のうちに記入することを心がけましょう。また、第三者が見てもわかるように書くことも大切です。

ケアマネジメントのプロセスと主な必要書類

アセスメント
●アセスメントシート
→P.37

サービス計画の変更
→P.43

持続的な管理

Check 書類の3つの役割

書類はご利用者の情報を確実にやりとりし、マネジメントがきちんと行なわれていることを証明するものです。適切な書類があれば、何かあったときに自分の身を守ることもできます。そのためにも書類の整理と保管は大切です。

①ケアマネジメントを行なった「証（あかし）」

ケアマネジメントの一連の業務は介護保険法に基づいて行なわれます。業務がきちんと行なわれたことを証明するのが、その時々で作成する書類です。書類がなければ業務を行なわなかったとみなされ、運営基準減算になるので注意が必要です。

②情報を正しくやりとりする

ご利用者の情報などは、それを必要としているケアチームメンバーに確実に届けなければなりません。電話だと聞き間違いや、言った言わないのトラブルが起こるおそれがあります。形に残る書類を使えば、情報を確実に伝えることができます。

③情報を残す

ケアマネジメントで作成、使用した書類は法令で保存が義務づけられています。また、自分あるいは会社が適切な支援をしているかチェックをしたり、事例研究を行ない、業務の質を向上させるためにも、書類＝情報は保存する必要があります。

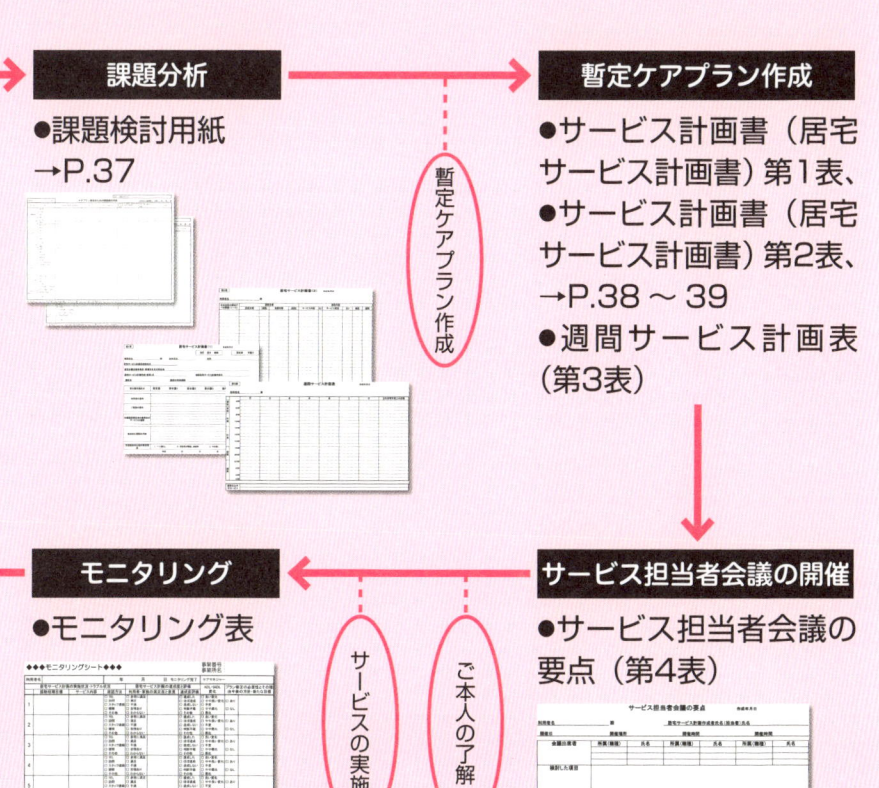

Check サービス利用票はいつ作成する？

その月のサービス提供を開始する前です。介護サービスの予定を記入し、ご利用者の同意を得て交付。別票で限度額管理と利用者負担の計算を行ないます。

Part3 仕事のコツ編

2 書類作成の悩みを解決しよう

スムーズに書類を作成するために

　さまざまな業務の中でも、特に効率的にすませたいのが書類の作成。書類は伝えたい相手に要件を正確に伝えるのが目的です。まずだれに何を伝えるのか明確にしましょう。伝えたいことが複数あるときは、重要なことから書くようにします。最後に、必ず読み直しをしましょう。必要なことがもれなく書かれているか自信がない場合は、先輩や同僚にチェックしてもらうのもよい方法です。

 わかりやすく書くにはどうしたらいいの？

A 書類を書く前に、伝えたい内容を整理しておきましょう。伝えたい要件を箇条書きにして、重要なことから書くのもよい方法です。また、わかりやすい文章には「5W1H」があります。「だれが」「いつ」「どこで」「何を」「なぜ」「どのように」記録するかということです。状況を書く場合は、元の状態や原因、経過、そして現在はどうなのか、時間を追って説明します。また、要望や希望については、はっきりと書くようにしましょう。

 **書く内容が見つからないのですが**

A モニタリング表やケアプランなどは、手元に何も情報がなければ書けません。ケアマネジメントのすべてを記録できる居宅支援経過表や、メモを活用しましょう。ご利用者の支援の内容について、行なったことを5W1Hで書きます。各サービス担当者への訪問や電話、その返事なども書いておくと、支援の流れがよくわかり、モニタリングやケアプランをまとめるときに役にたちます。

Check　専門用語の多用はNG！

書類は他職種やご利用者、ご家族も読むものです。だれが読んでもきちんとわかるように、なるべく難しい専門用語は使わずに、わかりやすい言葉を使いましょう。このほかOT（作業療法士）やIC（インフォームドコンセント）といった略称を安易に使うのも、避けましょう。

3 書類の管理

ご利用者の書類はすべて保存する

書類の保存は、介護保険法で義務づけられています。また、書類はだれが見てもわかるように整理しておく必要があります。一般的なのはご利用者ごとにファイルを作り、すべての書類をとじておく方法。公的な書類のほかにも、依頼状や連絡票、事業所からの報告書なども保存しましょう。ご利用者の情報がきちんと管理されていないと、伝達ミスや事故、漏えいなどのおそれがあります。

居宅支援事業者に保存が義務づけられている書類

- 事業者等との連絡、調整に関する記録
- 利用者支援台帳
- 居宅サービス計画
- アセスメントの結果の記録
- サービス担当者会議の記録
- モニタリング結果の記録
- 市町村区への通知にかかわる記録
- 苦情の内容
- 事故の状況および事故に際して取った対応についての記録

書類の保存期間

介護サービスの提供についての記録は、完結の日から2年間の保管義務があります。しかし、給付管理票などの請求関連書類や生活保護に関連する記録、医療記録などは5年間保管しなければならない場合もあります。

※各都道府県や市町村区の条例により、5年間保管義務の場合もあります。

Check
「完結」は事業所ごとの運営規定に記載されている援助の終結や契約の終了と同じ考え方です。居宅の場合はご利用者の「施設への入所（入院）」「契約解除」「死亡」「自立の認定」とするところが多いようです。

個人情報が含まれる書類や資料、フラッシュメモリなどのメディアは、必ず鍵が掛かる棚や引き出しに保管・管理しましょう

個人情報が書かれたFAXやメールは要注意

棚に鍵を掛けて個人情報の扱いに注意しても、FAXやメールの宛先を間違えたり、フラッシュメモリやパソコンにデータを入れて自宅に持ち帰った際に漏えいしたりすることもあります。自分はだいじょうぶと思わずに、個人情報は慎重に取り扱うようにしましょう。

Part3 仕事のコツ編 2

Q ケアマネジャーからのSOS
アセスメントシートに何を書けばいいかわかりません。空欄が目だってしまって……

A アキねこ先生からのアドバイス
ご利用者の自立支援につながる情報を十分に集めましょう

　アセスメントは「課題分析」といわれ、ご利用者の抱える問題を明らかにして、今後の課題を把握する、ケアプランの事前準備のような作業です。情報の集め方と課題の見出し方によって、ケアの方向性が変わり、成果も違ってきます。ご利用者の心身の状態、生活環境、生い立ちなどの情報を集めて課題を整理して、それらの原因はどこにあるのか分析します。そして、ご利用者が希望をかなえられるように、前向きに取り組めるようなケアプランを提案していきましょう。

1　アセスメントのポイント

①ご利用者本人と面接する

　アセスメントシートの項目からご利用者のできること（現有能力＝残存能力）を確認します。また、表面的なことだけでなく、人生観や価値観を把握するように努めましょう。ご利用者を理解したいという気持ちがあれば、故郷や生い立ち、仕事などの雑談から、これらについて知ることができます。

②ご家族とも話をする

　ご利用者だけでなく、ご家族にもお話を聞きましょう。もっとも身近な介護者であるご家族からの視点で話を聞くことで、ご利用者本人も気づいていない課題が見えてくることもあります。双方の気持ちを受け止めながら、冷静に事情を把握する目を持つことが大切です。

③生活環境をチェックする

　寝室や浴室、トイレ、台所などを案内してもらい、日常の生活動作と動線を確認して、危険な箇所がないかチェックします。徒歩で行ける範囲のご近所についても、同じように確認します。ご利用者の日常の過ごし方を把握して、生活のイメージを具体的につかみましょう。

アセスメントはご利用者を知るためにも必要な作業です。

2 アセスメントシートに記入しよう

得た情報を整理するには

　アセスメントシートの記入方法は2とおりあります。それぞれの項目について、当てはまるものに〇を付けたりレ点でチェックして、ひと目でわかるようにするものと、状況や問題点、希望について簡潔に文章で示すものです。この2つがそろうことで、ご利用者のようすが見えてきます。

Check 具体的に記載することでニーズが把握しやすくなります。

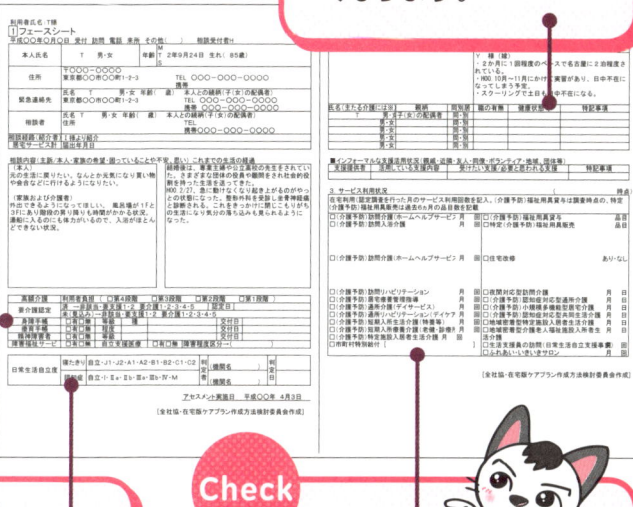

Check 支障の改善にどのくらいの期間がかかるのか、記載しながら考えよう。

Check ご利用者の「これもできる」に目を向け、ポジティブにとらえることが大切です。

Check ご利用者の変化ごとに再アセスメント、ケアプランの見直しが行なわれる。一度では終わりになりません。

3 ケアの方向性を決めよう

アセスメントから課題を分析する

　ケアプランの作成の準備として、アセスメントの情報を整理、分析してケアの方向性を決めます。それには「ケアプラン策定のための課題検討用紙」を使います。検討が必要な具体的状況から原因、家族の意向、ケアの必要性と書き進めていくと、課題（ニーズ）が見えてきて、ご利用者の支援に最適なケアの方向性を決めることができます。

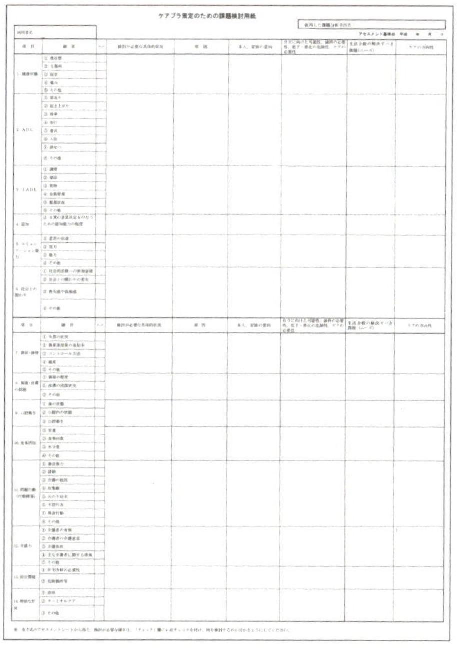

ケアの方向性が、ご利用者の「生活の意欲」を引き出し、幸せな暮らしを実現できるようになっているか見直してみましょう。

Part3 仕事のコツ編

Part3 仕事のコツ編 3

Q ケアマネジャーからのSOS
ケアプランをたてるのが苦手。
同じものを使い回しちゃダメですか？

A アキねこ先生からのアドバイス
ご利用者ひとりひとりに
最適なケアプランをつくることが必要です

アセスメントで課題が見えてきたら、次はケアプランの原案となるサービス計画書第1表と第2表を作成します。ここで大切なのは、ご利用者の具体的な課題解決のために目標を設定し、そのためにどんなサービスを選んで組み合わせていくのかということです。ご利用者ひとりひとり身体状況や生活状況は異なるので、プランもひとりひとり異なります。サービス計画書を作るに当り、ご利用者やご家族と話し合い、担当するサービス事業所とも調整をしながら進めていきましょう。

1 サービス計画書の書き方

第2表から書こう

まず、第2表の「生活全般の解決すべき課題（ニーズ）」の欄は、課題検討用紙にも同じ項目があるので転記をします。ニーズ解決に向けて具体的な目標を決め、達成のために必要なサービスやそれをだれが行なうのか、どのくらいの期間が必要なのか書き込んでいきます。この期間は、今後のモニタリングやケアプランの見直しの指標になります。

第1表はご利用者とご家族の意向をそのままの言葉で具体的に書き、ケアチームとしての総合的な援助の方向性を書きます。

【サービス計画書第1表、第2表作成の流れ】

第2表 「目標」を定める
↓
第2表 「サービス内容」を決める
↓
第2表 サービスの種別と事業者、利用頻度、期間を設定する
↓
第1表 「総合的な援助方針」を設定する

暫定ケアプランを活用しよう

暫定ケアプランとは

ケアマネジャーが初めておつき合いするご利用者や、更新や区分変更で介護度が確定していない場合につくり、短期間実施する仮のケアプラン。ご利用者の同意とサービス担当者会議での承認が必要。

活用方法

暫定ケアプランでサービスを開始し、その後の各事業所へのモニタリングを生かしてケアプラン原案を作成。サービス担当者会議で検討し本案を決定することで、よりご利用者に合ったケアプランが作成できる。

2 サービス計画書の記入のポイントを押さえよう

具体的にわかりやすく書く

サービス計画書第2表はどの項目も具体的に書くことがポイントです。援助内容は「いつまでにだれが何を行なうのか」をわかりやすく書きます。

Check

アセスメントから導き出されたニーズを解決するもの。具体的でポジティブに表現しましょう。

目標をたてるときのポイント！

①実現可能でモニタリングしやすい
「3mぐらい自力で歩けるようになる」「自力で食事をする」など、実現しやすい内容を。

②ご本人の目標であること
「安全に歩ける」「趣味を楽しむ」のように「(本人が)〜する、できる」と書きます。

③抽象的ではなく具体的であること
「その人らしく暮らせる」ではなく「趣味の〇〇ができる」と書きましょう。

Check

（居宅サービス計画書（2）の表）

Check

短期目標はもっとも長くて3か月、長期目標はもっとも長くて認定の有効期間。長すぎないほうが目標をより身近に感じられます。

Check

あらかじめご利用者と話し合い、サービス担当者とも調整をすませておきましょう。

Check

サービス開始前と後でどう変化したか比べられるように、数値を入れるなどの工夫をすると、モニタリングしやすいでしょう。

Check

介護保険制度だけでなく、他制度によるサービスやインフォーマルサービスも盛り込みます。インフォーマルサービスは日ごろから利用できるものを開拓しておきましょう。

いろいろ工夫できることがあるんですね。

Part3 仕事のコツ編 4

Q ケアマネジャーからのSOS
サービス担当者会議の開催意義がわかりません。開いても資料を読むだけだし……

A アキねこ先生からのアドバイス
ケアプランの目的や方法を共有し、意見交換するのが目的！事前準備をしっかりしよう

サービス担当者会議は法律で開催が義務づけられていて、開催は必須です。ご利用者とご家族を含めてケアチーム全員が集まり、これまでの情報を共有したうえで、ケアプラン原案（サービス計画書第1表、第2表）について意見を交換。今後のケアについて合意を図り、よりよいものを本プランとして決定するのが目的です。全員が出席できるように日程調整をして、ケアプラン原案をあらかじめ配布しておくなど、事前準備もしっかり行ないましょう。

1 サービス担当者会議で行なうことは？

ケアプラン原案を検討し決定する

サービス担当者会議で、ケアプラン原案をよりよいものにして本プランとして決定していくためのポイントは以下の6つです。
①ご利用者とご家族の意見、希望を確認する。
②医学的留意事項を確認する。
③各サービス担当者がそれぞれの立場から意見を述べ、不足情報を補う。
④ケアプランの合意とサービスの役割分担の確認。
⑤ご利用者とご家族からケアプランの決定と実施の了解を得る。
⑥話し合われた内容を「サービス担当者会議の要点」に記録する。

サービス担当者会議の参加者

ケアマネジャー　ご利用者　ご家族
主治医　各サービス担当者

ケアマネジャーはもちろん、ご利用者とご家族、ケアプラン原案にある各サービス担当者と主治医です。インフォーマルサービスの担当者に参加してもらうこともあります。ケアを担当するすべての人を招集するのが原則です。

2　サービス担当者会議開催の流れを知る

会議開催の前後も含めてやるべきことは？

参加者には、出席依頼書など文書で開催を連絡すると間違いありません。あらかじめケアプラン原案のサービス計画書第1表、第2表と週間サービス計画表（第3表）をご利用者の了解を得て、参加者に配布しておきます。ケアプラン原案はサービス担当者から内諾を得ておくことが望ましいですが、その場で出た意見は謙虚に聞きましょう。また、専門用語は避けてご利用者にも理解しやすいように話します。ご利用者やご家族は失礼のないように名前で呼びましょう。

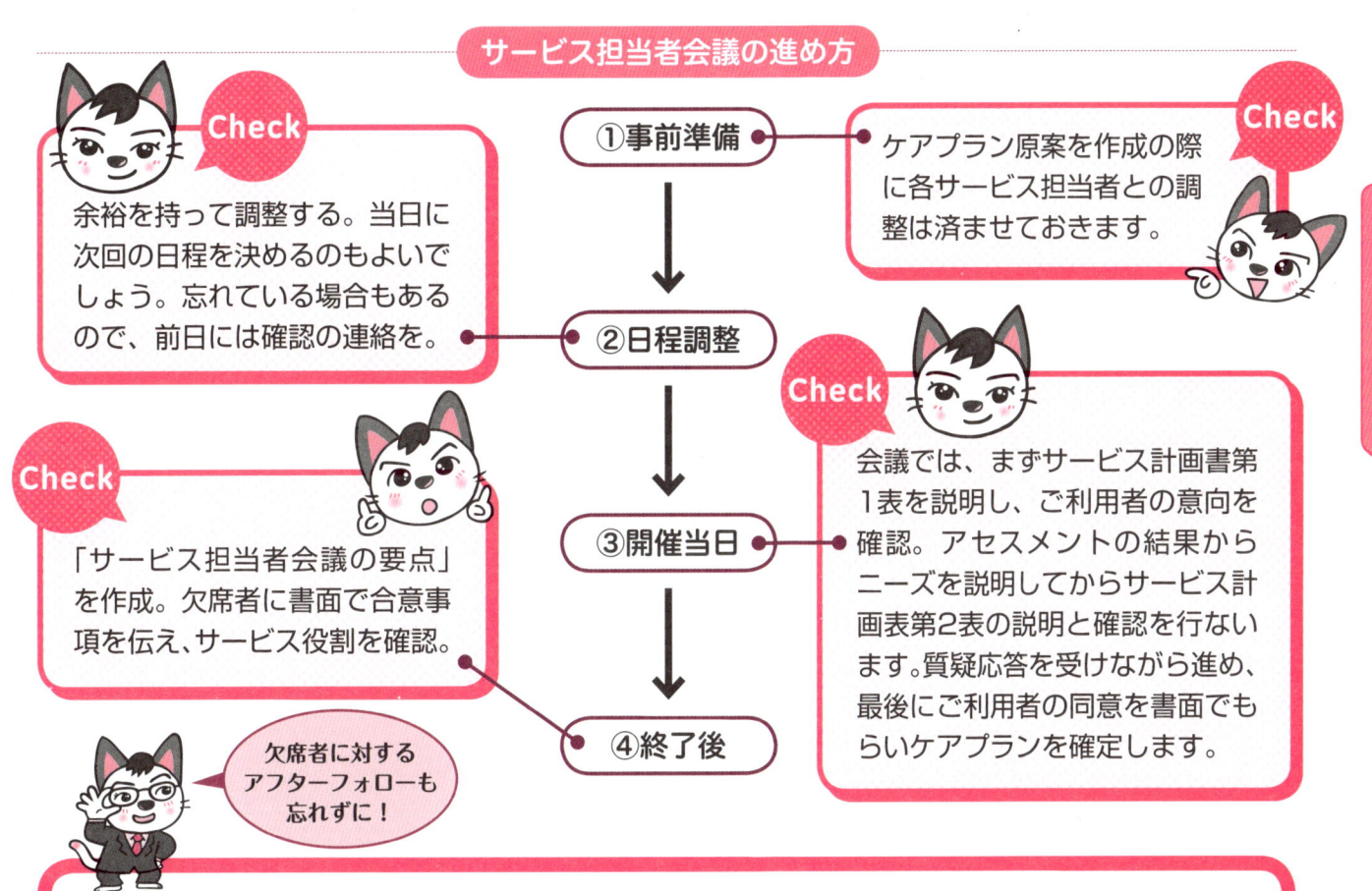

サービス担当者会議の進め方

①事前準備

Check：ケアプラン原案を作成の際に各サービス担当者との調整は済ませておきます。

②日程調整

Check：余裕を持って調整する。当日に次回の日程を決めるのもよいでしょう。忘れている場合もあるので、前日には確認の連絡を。

③開催当日

Check：会議では、まずサービス計画書第1表を説明し、ご利用者の意向を確認。アセスメントの結果からニーズを説明してからサービス計画表第2表の説明と確認を行ないます。質疑応答を受けながら進め、最後にご利用者の同意を書面でもらいケアプランを確定します。

④終了後

Check：「サービス担当者会議の要点」を作成。欠席者に書面で合意事項を伝え、サービス役割を確認。

欠席者に対するアフターフォローも忘れずに！

こんなときどうする？

資料の読み合わせだけで終わってしまいます

発言を活発にするには、自由に意見を言える雰囲気づくりが大切です。まず、ケアマネジャーが「意見を聞かせてください」という姿勢で臨みましょう。納得できない意見も頭ごなしに否定せず、きちんと根拠を聞いて検討します。新しい提案をするときは、詳しく説明できるように準備しておきましょう。

医師が参加してくれません

医療との連携は大切ですが、医師は日ごろから多くの患者を診ており、時間に余裕がありません。主治医の都合のよい日を確認したうえで会議の日程を決めるなどの配慮が必要です。それでも出席が難しい場合は、「ほかのメンバーに何か伝えることはありませんか」とあらかじめ意見をもらっておきましょう。

Part3　仕事のコツ編

Part3 仕事のコツ編 5

Q ケアマネジャーからのSOS
モニタリングしても、どうプランを見直せばいいのかわかりません……

A アキねこ先生からのアドバイス
モニタリングの進め方を確認し、プラン見直しのポイントを押さえましょう！

　ケアプランは、一度作成したものがずっと使われるわけではなく、実施状況を確認して状況に合わせて修正をします。この確認過程をモニタリングといいます。具体的にはケアマネジャーがご利用者宅を訪問し、ケアプランに沿ったサービスが提供されているか、ご利用者とご家族に変わりはないか、目標が達成されているかといった点などを確認し、サービス事業所にもサービス提供の状況を聞きます。モニタリング表を利用して評価を行ない、必要な場合はケアプランの変更をします。

1　モニタリングの進め方

4つのポイントを押さえる

　ケアマネジャーは月に1回以上ご利用者宅を訪問し、モニタリングを行なわなければなりません。もちろん、必要があれば複数回行なってもかまいません。ご利用者の状況は常に変化していきます。特に、新しいサービスを開始したときなどは、まめに足を運び、適切なケアが行なわれているかこまめに確認しましょう。モニタリングは次の4つのポイントを押さえて進めます。

①ケアプランを振り返る
ケアプランの目標に沿ってケアが行なわれているか、サービスの質と量に過不足がないか、ご利用者とご家族がサービス内容に満足しているか、新たな課題はないかなど、ご利用者とご家族、サービス担当者に確認します。

②短期目標をチェックする
短期目標の期間中に目標が達成されたか、確認します。達成できない場合は、目標が高すぎないか検討します。サービスの内容や方法、回数が適当かどうか確認し、原因がどこにあるのか調べましょう。

③サービス内容の変更が必要か検討する
①、②の結果、サービス変更の必要がないと判断されれば、月末までに次月の「サービス利用票」「サービス提供票」を作り、翌月のサービスの提供に備えます。目標が達成されたときも、サービスの変更を検討する必要があります。

④モニタリング表を使って分析する
ご利用者とご家族の変化を見逃さないようにするためには、モニタリングで集めた情報が重要です。モニタリング表を使うと、情報を整理、分析しやすくなります。自治体によって独自の様式のモニタリング表がある場合はそれを利用しましょう。

2 モニタリングの結果を「再プラン」に反映させる

ケアプランの変更が必要な場合とは

ケアプランの変更を検討するのは、主にご利用者の身体状況に変化があるときや、ご利用者やご家族の希望が変わったときです。身体状況などに変化がなくても、短期目標が達成されない場合はサービスの内容など、プランの見直しをする必要があります。

【変更例】
ご本人のひとりで外出したいという意志を再プランに反映

1か月前のサービス計画書に「長い距離の歩行は難しい状況。外出できるようになりたい」と挙げていたTさんの再プランの例です。

ケアプラン変更の進め方は？

まず、再アセスメントを行ない、ご利用者の身体状況や意向、ご家族の希望などについて詳しく聞き、課題を検討します。課題が明らかになったらケアプラン原案を作成し、サービス担当者会議を招集して原案を検討し、本プランを決定します。

天候による足の痛みに配慮して、ご本人の希望である外出介助のサービスを取り入れ、状況によって利用できる歩行器のレンタルを手配します。 **Check**

この項目について、モニタリングの結果、本人は満足していないことがわかりました。「天気のよい日には外出したい。しかし長い距離は不安」とあります。 **Check**

課題として歩行状態は回復してきたが、天候によって痛みが強くなるとあり、本人の自立への意欲を生かして過剰にならない援助が求められていることがわかります。 **Check**

最善のプランを提供するには、常にご利用者の自立につながる視点を持つようにしましょう。

Part3 仕事のコツ編 6

Q ケアマネジャーからのSOS
ご利用者やご家族から不安の声が上がっています。大きな問題になる前に、解決したいのだけれど……

A アキねこ先生からのアドバイス
リスクマネジメントで、事前に問題点をチェックし、未然に事故やトラブルを防ぎましょう

　介護サービスを提供する際に発生する可能性のあるさまざまな事故やトラブル、クレームをリスクといい、事前にそれを回避することをリスクマネジメントといいます。直接ご利用者の介護に携わることのないケアマネジャーも、リスクマネジメントには大きくかかわっています。リスクにはケア中に起こるご利用者のケガや急変のほかにも、ケアプランから発生するものもあるからです。どんなリスクがご利用者の身の回りにあるのか知ることが、リスクマネジメントの第一歩です。

1 ケアマネジメントにおけるリスクとは

多くのリスクがあることを認識しよう

　まず、ケアプラン自体がリスクになる場合があります。ケアプランは、ご利用者との契約内容を示すものでもあります。適切なサービスを提供することができず、万が一事故が発生して裁判になった場合に、その行方を左右するほどの重要な書類となります。

　また、ケアプランの説明が不十分でサービスの利用開始後に「思っていたサービスと違っている」と問題になったり、計算ミスで自己負担が出たり、個人情報が漏えいするなど、ケアマネジメントを行なう過程でもさまざまなリスクがあります。

> チーム内で連携してどんなリスクがあるか確認し合うことも大切です。

リスク
- ケア中の事故、急変
- 計算ミス
- 契約の手続きミス
- サービス事業所との連絡・調整ミス
- ご利用者への配慮不足
- 訪問の連絡ミス、約束忘れ
- ケアプランの説明不足
- 個人情報の漏えい

2 ヒヤリ・ハットからリスクマネジメントを考える

リスクを予測し事業所とも連携を深める

ケアマネジメントのリスクを、回避するにはどうしたらいいでしょうか。ひとつはケアプランの質を高めること。適切なアセスメントを行ない生活の中にあるリスクを少なくすることが大切です。例えば歩行介助は転倒して骨折につながるかもしれないなど、ご利用者のケアの裏側には常にリスクがあることを予測しておくことです。また、ヒヤリ・ハットの段階で、サービス事業所と問題点の分析と評価を行ない、重大事故にならないように対策を行なうことも重要です。

ヒヤリ・ハットの事例

Case1. 食事中にむせて急変

ひとりで食事ができるAさんですが、飲み込みにくいものでむせることがあります。スタッフが食事介助の必要なご利用者にかかり切りになっている間に、Aさんはのどに食事を詰まらせて窒息。ケアプランには「食事は自立、介助の必要なし」とあり、この場合に必要な見守りや配慮を指示していませんでした。

Case2. 入浴中に転倒して骨折

Bさんは足元にふらつきがありますが、ふだんは介助なしで歩いています。しかし、浴槽から出て歩こうとしたときに突然滑って転倒し、直前でスタッフに受け止められました。ケアプランには「入浴時、浴室内では移動一部介助」とありましたが、どんな介助が必要なのか具体的に指示されていなかったため、このような事態になってしまいました。

Case3. 約束を忘れてクレームに

認知症のCさんは支援を受けながらひとり住まいを続けていますが、モニタリングには離れて住んでいる息子さんが必ず同席しています。ケアマネジャーの都合で約束の日時を変更してもらうのを忘れたために、忙しいスケジュールをやりくりしてきた息子さんは激怒。事務所の対応の不備もあって、クレームに発展していまいました。

Case4. 要支援に認定されて自己負担が発生

足が不自由なDさんはデイケアでリハビリに取り組み、最近は杖なしでもかなりの距離を歩けるようになりました。今回の認定の際、要介護から要支援の認定に変わる可能性がありましたが、要介護の見込みでサービスを利用してしまい、自己負担が発生。Dさんはケアマネジャーに対して不信感を抱くようになってしまいました。

Part3 仕事のコツ編 7

Q ケアマネジャーからのSOS
クレームがきてしまったんですが、どう対応すればいいのでしょうか？

A アキねこ先生からのアドバイス
まずは相手の主張に耳を傾け、真摯（しんし）な態度で対応するよう心がけましょう

　クレームの主な理由は、業務のミスや遅れ、知識・勉強不足、連携・コミュニケーション不足、接遇マナー違反、誤解や勘違いといったことです。こちらの落ち度に対して、不満や苦情を口に出す人は全体の1割から2割といわれており、あとの8割は、ほかの人に話して解消するか、何も言えずにガマンしています。直接言葉にできない8割のご利用者の方たちの信頼を取り戻すためにも、クレームは業務改善のきっかけになるアドバイスだと思って、前向きに取り組みましょう。

1 クレームへの対処方法

受付時の対応が重要

　クレームの電話を受けたとき、「ああ、またか、いやだなあ」と思ったり、「どんな理不尽なことを言われるのだろう」と身構えたりしていませんか。そんな気持ちは電話であっても相手に伝わるものです。するとこれが尾を引いて、クレームへの対応をすっきり終わらせることができなくなる場合があります。クレームは初めて受けたときの対応が重要です。次の5点に注意しましょう。

①親身に話を聞く
何に困っているのか、怒っているのか、相手の立場にたって話を聞く。

②原因の確認をする
相手の話を遮らず、言葉を繰り返して内容を確認し、原因を探る。

③電話をかけ直す
電話代への配慮をしてこちらから掛けることを提案。冷却時間を持つ。

④安請け合いはしない
謝罪と約束は別なので、安易な判断はしないで慎重に受け答えをする。

⑤迅速でていねいな対応を
間違えないようにメモを取り、必要な手順に従って迅速に行動する。

なるほど

電話で応対するときは……

　電話に向かって「申し訳ございませんでした」と頭を下げる人がいます。姿は相手に見えませんが、これは謝罪の気持ちを伝えるのに有効な手段のひとつです。頭を下げて話すことで声の感じが変わり、相手に気持ちを伝えることができるのです。逆に「私は担当者じゃない」「私は悪くない」という気持ちがあれば、それが話し方や態度に出て伝わってしまいます。口先だけでなく心から謝罪する気持ちで応対しましょう。「謝ればなんとかなる」は、本当の解決になりません。

2　クレームをトラブルにしないためには

解決策をいっしょに考えてもらおう

　苦情の連絡をしてくるご利用者には、不満で気持ちが高ぶり興奮ぎみの人も多くいます。まずは反論したり否定したりするのは控えて、メモを取りながら耳を傾けましょう。ひととおり話を聞いたら経緯を順序だてて話し、問題点を整理します。それで間違いないか確認してもらい、どうしたらよいのかいっしょに考えてもらうように相手を導きましょう。制度上できないことを要求された場合は、頭ごなしに突っぱねるのではなく、なぜできないのかていねいに説明し、こちらの事情で断っているのではないことを伝えましょう。

できないことを要求されたら？

- **NG**「それはできません。無理です」
- **OK**「ほかにいい方法がないか考えてみましょう」

- **NG**「やりたくてもできないんです。私に言わないで！」
- **OK**「介護保険で、できないことに決められているんですよ」

- **NG**「やることはやっていますよ」
- **OK**「できる範囲のことはしっかり行ないます」

3　こんなクレームにはどう対応する？

①担当の訪問ヘルパーを変えろと言われました

どんな経緯があるのかご利用者の話に詳しく耳を傾け、理由を確認しましょう。その場ではおわびをするにとどめ、対処法は約束しないで訪問介護事業所に報告、相談をしましょう。

②根拠のないクレームがきました

いわれのないクレームには毅然とした態度で対応することが必要です。しかし、いわゆるクレーマーが相手の場合には、深くかかわると本来の業務に支障が出る場合があります。会社に対応部署がある場合は連携を取るようにしましょう。

③ご利用者から介護士への不満を聞きました

まず、ご利用者の不満が介護職の仕事やケアのしかたへのクレームなのか、個人的な感情での悪口なのか判断する必要があります。クレームの場合はサービス事業所の責任者に報告して、改善に向けて注意や指導をお願いしましょう。

④よくクレームになるヘルパーがいます

サービス実施前のマナーやコミュニケーションに問題があるのかもしれません。ご利用者との関係が良好であれば、多少の作業の遅れや間違いなどは問題にならないはずです。事業所の責任者とも相談してマナーを身につけてもらいましょう。

Part3 仕事のコツ編 8

Q ケアマネジャーからのSOS
オープンして間もない事業所で働いています。
どうしたらご利用者数を増やせますか？

A アキねこ先生からのアドバイス
まめに足を運んで顔を覚えてもらうのと同時に信頼されるケアマネジャーになりましょう

ケアマネジャーはチームケアでの連絡と調整が仕事だから、営業はしなくてもいいと思っていたら、それは間違い。介護支援事業所も一般の企業と同じように利益を出さないと続けていくことはできません。ほかに併設する事業がなければ、ご利用者数が事業所の売上であり、事業所の収益となります。ご利用者数を増やす活動＝営業が重要になり、ケアマネジャーも積極的に営業に取り組まなければなりません。自分のご利用者は自分で開拓するという気持ちで営業しましょう。

1 どこに営業に行けばいいのか

地域にある関係機関はすべて営業先

主な営業先として、地域包括支援センターと医療ソーシャルワーカーや退院調整ができる看護師のいる病院、ほかの居宅支援事業所や自治体の担当部署が挙げられます。地域包括センターは営業区域にあるところはすべて回りましょう。

ほかの事業所は、新規のご利用者の依頼があっても受けられないときに紹介してくれることがあります。また、地域の民生委員を訪問したり町内会にも顔を出すなどして顔を覚えてもらいましょう。

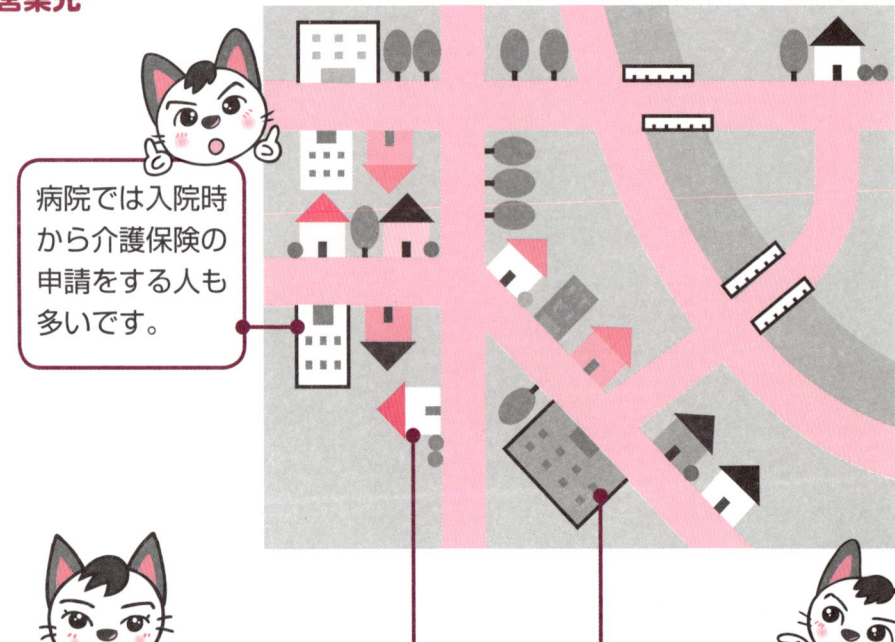

病院では入院時から介護保険の申請をする人も多いです。

地元の医院をかかりつけ医として長く利用している高齢者も多いもの。病院だけでなく地域の開業医も回ってみましょう。

地域包括支援センターでは、時間をつくってもらい、社会資源の情報やケアマネジャーの活動状況について教えてもらいましょう。

2 どうやって営業すればいいのか

まめに足を運ぼう

　1か月に1度といわず、時間が許す限り営業先には出向いて顔と名前を覚えてもらうようにしましょう。「お願いします」だけでなく、どんなケースに、どんな支援ができるかなどをアピールできると印象に残ります。

　また、地域包括支援センターで行なわれているケアマネジャーの勉強会や会議には出席させてもらいましょう。勉強になるだけでなく、その縁で仕事を紹介してもらうこともあります。そして1度でもチャンスをもらえたら、次も依頼しようと思ってもらえるような信頼されるケアマネジャーになりましょう。

Check 今担当しているご利用者も大切に。仕事の評判が次の仕事を呼びます。

3 営業の悩みを解決しよう

いつ営業すればいいの？

　月間のスケジュールをたてるときに、営業の日をつくれればいいですが、仕事が押してくると結局行けなくなることに。ご利用者宅を訪問するときに、近くの地域包括センターに顔を出す、ほかの用で役所に行なったときは、担当部署に必ず寄るなど、すき間時間を利用する方法もあります。

Q 同じところに何回も行くのは気がひけます……。

A 相手が興味を示してくれるような情報を持っていくとよいでしょう。勉強会などに出て高齢者福祉に関する情報を集め、新聞やインターネットも活用し、幅広く情報を提供できるようにしましょう。

Q 人脈を広げるにはどうしたらいい？

A ただ名刺を配れば人脈ができるというわけではありません。向上心と好奇心を持って積極的に行動することが必要です。熱心に話を聞きに来る人には好意と共感を持って接してくれるはずです。

Q 事業所をPRするにはどうしたらいいですか？

A ケアマネジャーに専門分野別に依頼はありませんが、例えば医療的ケアプランに強いとか、フットワークが軽く遠いご利用者宅にも行きますなど、ほかの事業所との違いを出すことです。

Part4 セルフマネジメント編 1

Q ケアマネジャーからのSOS
日々の業務でもうクタクタ。
何もやる気が起きません

A アキねこ先生からのアドバイス
心と体の健康管理が大切です。
自分自身もマネジメントしましょう

　「ご利用者を幸せにする」のがケアマネジャーの仕事です。理想を胸に毎日がんばっていても、ケアマネジャーの仕事は簡単ではありません。人間関係に振り回されてへとへとになってしまう場合もあるでしょう。ケアマネジャーが疲れ切ってしまったら、とてもご利用者を幸せにすることはできません。また、疲労が思わぬ介護事故につながることもあります。疲れ切って燃え尽きてしまわないうちに、自分自身をマネジメントして元気になりましょう。

1 どうしてクタクタになるのか

たまるストレスが原因

　ストレスとは、もともとは外側からかけられた力で物体にゆがみが生じた状態を指します。医学や心理学では、心や体への外部からの刺激をストレッサーといい、それに反応して起こる心身の状態をストレス反応といいます。ストレッサーには人間関係や、仕事上の問題、家庭の問題などさまざまな要因があります。特に職場では仕事の量や質の問題、対人関係など多くの要因があります。しかし、仕事に打ち込んでいるときはストレスに気づきにくく、自分でコントロールできなかったり、自覚はあっても回避できない状況だったりします。また仕事に当てる時間は、生活の中でもっとも長いため、そのストレスの影響は大きく、長期に渡る場合は健康に重大な被害を及ぼすことがあります。

【ストレス反応は3つの面に表れる】

心理面
イライラ　活気の低下
不安　気分の落ち込み
興味・関心の低下

身体面
ふしぶしの痛み　頭痛
肩こり　腰痛
目の疲れ　動悸　息切れ
胃痛　食欲低下
便秘　下痢

行動面
飲酒量や喫煙量の増加
仕事のミスや事故
ヒヤリ・ハットの
増加

Check
このようなストレスが長期間続いたり、程度がひどい場合は、重いストレス状態に陥っている可能性があります。専門家（心療内科、精神科）に診てもらうことをおすすめします。

2 ストレスチェックをしよう

自分の健康状態を知る

心と身体にたまるストレスをチェックしてみましょう。特に心の疲労は気づかないうちにたまっています。月に1度のチェックを。また、体が疲労するとストレスはたまりやすくなります。

心のストレスチェック

当てはまるほうに○を付ける

1. 十分な休養を取っていない	YES ・ NO
2. このところ、睡眠不足気味である	YES ・ NO
3. 生活を楽しめない	YES ・ NO
4. 憂さ晴らしで酒を飲むことがある	YES ・ NO
5. 仲間や家族といっしょに過ごす時間がなかなか持てない	YES ・ NO
6. 他人を攻撃しがちである	YES ・ NO
7. 朝食を抜くことが多い	YES ・ NO
8. つい「カッ」となることがある	YES ・ NO
9. 自分のペースを守ることが難しい	YES ・ NO
10. シャワーばかりでふろに入る機会が減っている	YES ・ NO

判定

YESが10〜9個…このままでは倒れてしまう可能性があるので、勇気を持って生活を改善しよう！
YESが8〜5個……まとまった休養を取る必要がある。現状の生活を見直そう！
YESが4〜3個……やや問題がある。注意深くチェックしよう！
YESが2〜1個……念のため改善できる点は改善するようにしよう！
YESが0個…………今のところ問題なし。このペースで！

「YESが8個もあった……。」

「次に体のストレスもチェックしてみよう！」

体のストレスチェック

当てはまるほうに
〇を付ける

1. 休日は朝起きるのがとてもつらい　　　　　　　　　　　YES ・ NO
2. 残業や休日出勤が続いている　　　　　　　　　　　　　YES ・ NO
3. 頭がボンヤリして体がだるい　　　　　　　　　　　　　YES ・ NO
4. 最近、考えがまとまらず、ミスが多くなった　　　　　　YES ・ NO
5. なかなか疲れが抜けない　　　　　　　　　　　　　　　YES ・ NO
6. よく肩がこる　　　　　　　　　　　　　　　　　　　　YES ・ NO
7. 朝、酒が残っているのを感じることがある　　　　　　　YES ・ NO
8. 野菜嫌いで、出されても残すことが多い　　　　　　　　YES ・ NO
9. 休日は家でゴロゴロしていることが多い　　　　　　　　YES ・ NO
10. 身体を動かす機会が少なく、これといった趣味がない　　YES ・ NO

判定

YESが10〜9個‥‥このままでは倒れてしまう可能性があるので、勇気を持って生活を改善しよう！
YESが8〜5個‥‥‥まとまった休養を取る必要がある。現状の生活を見直そう！
YESが4〜3個‥‥‥やや問題がある。注意深くチェックしよう！
YESが2〜1個‥‥‥念のため改善できる点は改善するようにしよう！
YESが0個‥‥‥‥‥今のところ問題なし。このペースで！

ストレスと体の病気の関係

ストレスによって、自律神経やホルモンの分泌、免疫といった体の働きのバランスが崩れると病気になります。逆に体が病気になると心にも影響します。また、ストレスから食べすぎ、飲みすぎなどの不健康な生活を続けていると、ストレスが直接の原因ではありませんが、生活習慣病などの病気にかかりやすくなります。このようなことから、ストレスをじょうずに発散できなかったり、対処するのがへただったりする人は、ストレスをためやすく、体の病気にかかりやすいことがわかってきました。

3 ストレスマネジメントをしよう

意識してストレスをコントロールする

　ストレスは心と体に悪影響を与え、病気の原因になる一方で、仕事や生活上のストレスを完全に排除することは不可能です。このため、「その人にとって苦痛な（悪い）ストレスをため込まないように管理する」、ストレスマネジメントの観点が大切になってきます。ご利用者の支援を万全な状態で行なうためにも、ストレスマネジメントをふだんから意識して行ないましょう。

ストレスマネジメント5つの方法

①休日はきちんと休む
仕事の効率と精度を上げるには休息が必要。休むことを罪悪視しないで、2日間の連続した休暇を取りましょう。

②完璧な仕事を期待しない
自分や周囲の人に100％の仕事の出来を期待しないようにしましょう。過度な期待はストレスにつながります。

③他者を非難しない
「泣き言」と「うわさ話」「他人の悪口」は逆にストレスをためるもとに。言わないようにしましょう。

④ストレスが多かった日は体を休める
ストレス解消で飲みに行ったり、パチンコなどをするのは逆効果。早く帰って入浴と十分な睡眠で疲労回復を。

⑤STRESSでストレスを発散する
Sport運動、Travel旅行、Rest休息、Eating食べること、Speaking談話、Sleeping睡眠が基本です。

日ごろからこの5つを心がけましょう。

Part4 セルフマネジメント編 2

Q ケアマネジャーからのSOS

ケアマネジャーとしてスキルを磨きたいのだけれど、どうしたらいいの？

A アキねこ先生からのアドバイス

新しい情報をさまざま視点で取り入れることが大切です。自分から積極的に動く姿勢を持ちましょう

　自分自身を高めたいという姿勢を持つことはとても大切なことです。まずは初心に戻って、ケアマネジメントの基本から再勉強してみてはどうでしょうか。覚えているつもりでも、忘れていたり、見落としたりしている大切な基本事項の再発見につながるかもしれません。ケアマネジメントの基本を押さえたうえで、事例研修や講演会などの場に参加して、ステップアップしていきましょう。

1　スキルアップの方法とは

　スキルアップには、今の自分を変えようと前向きに取り組む姿勢が大切です。待ってばかりでは成長の機会はつかめません。自分から積極的にいろいろな場に出て行き意見を求めましょう。

①講演会・研修会に参加する

手軽なスキルアップのひとつが講演会や研修会の参加です。介護関係だけでなく、コミュニケーションやプレゼンテーションといった対人スキルを磨く研修にも参加しましょう。また、地域の市区町村連絡会と連携して講師を招くなど、自分で研修を企画する方法もあります。

②専門家に意見を求める

医師・看護師・福祉用具専門相談員や言語聴覚士、理学療法士など、職場や立場の異なる他職種の人から、ケアマネジャーとは視点の異なるアドバイスをもらいましょう。専門家に意見を求めることで、さまざまな角度からご利用者の支援を考えることがきます。

③同じ職場の職員に意見を聞く

業務に慣れてくると、知らず知らずのうちに自分独自のやり方でケアマネジメントを行なってしまいがちです。同じ職場のケアマネジャーや、チームの看護師・介護士などに意見を求め、改善点を指摘してもらいましょう。

> 日ごろから積極的に意見を求め、常に新しい情報を取り入れましょう。

Part4 セルフマネジメント編 3

Q ケアマネジャーからのSOS
職員が次々に辞めてしまいます……。
どうすれば仕事を続けてくれるのでしょうか？

A アキねこ先生からのアドバイス
働きやすい職場づくりのために、職員の声に耳を傾けましょう

現在、介護職全体の離職率が決して低くないというのが現状です。その主な理由には、待遇の悪さ、低賃金、人間関係構築の難しさなどが挙げられます。職員の離職を防ぐためには「どうしたら辞めないのか」を考えるのではなく、「辞めたくない」と思える環境づくりをすることが大切です。日ごろから声がけを行ない、職員の思いを共有して、職員の目線に立てるようにしましょう。

1 職員とのミゾを埋める

管理者が考える職場・待遇の改善点と、職員が行なってもらいたい改善点との間にはしばしばギャップが生じることがあります。このズレが大きくなっていくと、職員の不満やストレスはたまってしまいます。まずは職員の声に耳を傾け、本当の改善点を知ることが大切です。直接聞きにくい場合は、スタッフアンケートを定期的に取るなどして、常に職員の真意を確認しましょう。

2 こまめな声かけで気づかいを

管理者は職員の観察も大切な業務です。職員を気づかう気持ちを持ちましょう。その際、大切になってくるのが日ごろの声かけです。「○○さん」と相手の名前を言うことで、「あなたのことをきちんと見守っている」ことをアピールします。声をかけるきっかけがないのであれば「いつもご苦労さま」と相手をねぎらう言葉をかけましょう。何を話すかではなく「声をかける」ことが大切です。

【職場改善のギャップ】

管理者 ⇔ 職員

- コミュニケーションの円滑化
- 研修の充実

など

- 有給休暇が取りにくい
- 業務に対する評価が低い

など

Check 職員を配慮するアプローチのしかた

① **「落ち込み」の原因を確認する**
間違った対処をしないためにも、まずはきちんと原因を把握しましょう。

② **管理側から相談ごとの有無や休息の提案をする**
悩みや問題をひとりで抱え込んでしまう職員もいます。こちらから歩み寄る姿勢を。

③ **定期的なミーティングを設ける**
複数の悩みや不満を同時に聞く機会をつくり、職場全体の思いを共有する。

Part5 法律・法令編 1

Q ケアマネジャーからのSOS
法律ってどうも難しくて……。正直よくわからないです

A アキねこ先生からのアドバイス
法律に精通している必要はありませんが、ポイントを押さえ、法令違反にならないようにしましょう

　ケアマネジャーが弁護士のように、法律をすみずみまで知っている必要はありません。しかし、ケアマネジャーの仕事は、介護保険法などの法律に基づいて行なうビジネスです。このルール（法律）を知らないで介護サービスを行なうことは、交通ルールを知らずに自動車を運転するようなもの。非常に危険で怖いことなのです。また交通ルールを破ったときと同じく介護サービスもルールを破れば、事故や行政処分につながります。かってな自己判断やルール変更も許されません。何をしてよいのか・悪いのか、正しい判断をするためにも、介護保険法を正しく理解し、義務として課された適切なサービスの実施や記録に努めましょう。

　確かに法律の条文は難しく、理解するのは大変かもしれません。でもそれにはいくつかのポイントがあります。まずはこの本で紹介している内容から、理解を深めましょう。そして何より大切なのは、ふだんから法律を守る意識を持ち、違反していないか毎日チェックすること。そうすれば、行政からの定期的な指導にも対応できるはずです。

1　法律を守る意識を高めよう

ケアマネージャーが守るべき法律とは

　まず守らなければならないのは、「介護保険法」です。ここには介護保険制度の目的から運営基準、行動規範、苦情対処法、介護報酬の請求の流れなど、ケアマネジャーの業務に関する基本的なことがらがすべて含まれています。常に最新の情報を入手するよう心がけましょう。

　併せて知っておきたいのは「高齢者虐待防止法」「老人福祉法」「個人情報保護法」など。実際にサービスを行なっていくときに、必要になります。

コンプライアンスとは？ Check
日本語訳は「法令遵守」ですが、法令だけでなく、社会的なルール、内部規定、自分の良心に従って、利害関係者に誠実に対応することをいいます。

法律を守る意識を高めるコツ！

法令遵守意識が低い事業所には、定期的に法令の読み合わせを行なう勉強会を開催することをおすすめします。職員全員が急に同じ知識を得ることは難しいので、勉強会を通して法令に目を通す機会を増やし、正しい法令・規則を知る場を設けることが大切です。個人のかってな判断や「ほかの人もそうしているから」といった考えを見直し、ケアマネジャーとして、介護に携わる人間として、やってよいこと・悪いことの認識を統一することから始めましょう。

認識の統一から始めてみよう。

2 法令違反にならないためには

自己点検シートを確認しよう

自己点検シートは、実地指導に際して提出が求められることのある書類ですが、これを利用して、日ごろから自分の行動をチェックしましょう。意識的に自身を振り返ることで、コンプライアンス違反を未然に防げます。自分はしっかりやっている、法令違反なんてしていない、と思っていても、チェックしていないと忘れたりおろそかになってしまったりすることも多いもの。自己点検シートは各都道府県等のホームページからダウンロードできるので、定期的に確認するとよいでしょう。

【自己点検シートの例】

「不適」は直ちに改善を！

「不適」に該当する項目は、法令違反につながる項目です。ただちに改善しましょう。

介護報酬のチェックにも「自己点検シート」を

厚生労働省がホームページ上で公開している自己点検シートには、「自己点検シート（介護報酬編）」「各種加算等自己点検シート」といった、介護報酬の計算方法がチェックできるものもあります。併せて活用しましょう。

3 あなたはだいじょうぶ？ うっかり法令違反例

何気ない行動に注意を！

あなたにそのつもりがなくても、知らないうちに法令違反となる行動を取っている場合があります。ケアマネジャーとご利用者ではなく、家族や友人間の行動では問題にならないような、ちょっとした行動にこそ注意が必要。善意でしたことがかえって法令違反につながることも。次に挙げる例を参考に、自分の行動を振り返ってみましょう。もちろん、ケアマネジャーがやらなければならないこと・してはいけないことを、法律の面で確認しておくことも大切です。

Case1. ご利用者に関する悩みを友達に相談

友達に仕事の悩みを相談したつもりでも、例えば「息子夫婦が離婚寸前なことに、ご利用者が心を痛めていて元気がなくて。どう声をかければいいか……」なんて話したら、ご利用者やそのご家族の情報を第三者にもらしたことに。個人情報の扱いとして不適切なだけでなく、契約にも違反しています。

Case2. 書き損じたケアプランをゴミ箱に捨てる

ケアプラン作成中に書き損じた書類をそのままゴミ箱に捨て、一般ゴミとして処分するのは法令違反です。ケアマネジャーは個人情報をもらしてはならないだけでなく、もれないようにすることも法律で求められているからです。個人情報を含む書類は、シュレッダーに掛けるなどしましょう。

Case3. 電話連絡だけでケアプランの変更を了承

訪問介護事業者からご利用者やご家族からのサービス内容変更の希望を電話で聞き、「では、そのとおりに変更してください」と答えたら法令違反。ケアプランを変更する場合、ケアマネジャーはアセスメント、モニタリングやサービス担当者会議などを再度行ない、プラン変更のプロセスをきちんと踏む必要があります。

Case4. ご利用者を自分の車に乗せて送迎した

ケアマネジャーの報酬は月単位で計算されるので、ご利用者を車に乗せている時間も報酬が発生しているとみなすことができます。その場合「白タク（無許可営業のタクシー）」に該当し、道路運送法違反となります。また交通事故などのリスクが高い行為でもあるので、避けましょう。

Case5. 喫茶店でアセスメントをしている

アセスメントは、「利用者の居宅を訪問し、利用者及びその家族に面接して行なわなければならない」と定められているので、法令違反です。ご利用者の生活環境を把握し、より適切なケアプランを考えるためにも、アセスメントはご利用者の自宅で行ないましょう。

Case6. 介護支援専門員証が手元にない

介護支援専門員証は常に持ち歩き、ご利用者に初めて会うときやご利用者やそのご家族から求められたときは、見せる必要があります。失くした場合や有効期限を過ぎた場合は、すぐに再交付の申請をしましょう。持たずに仕事をしていると、介護支援専門員の登録が抹消されてしまうこともあります。

今一度、日ごろの自分の行動を振り返り、チェックしてみましょう！

Part5 法律・法令編

Part5 法律・法令編 2

Q ケアマネジャーからのSOS

介護保険制度は今後どうなっていくの？
ケアマネジャーへの影響は？

A アキねこ先生からのアドバイス

介護保険法改正の方向性さえつかんでおけばだいじょうぶ。原点回帰の流れが進むでしょう

少子高齢化の進展や要介護高齢者・ひとり暮らしの高齢者の増加、社会保障財政の悪化もあり、介護保険制度は見直しを迫られています。それにともない、変化する社会やそのニーズに合わせて、介護保険法も改正されていくでしょう。

介護保険法の詳細な改正内容はわからなくても、これまでの流れを振り返れば今後の方向性は見えてきます。つまり、今後はより「原点回帰」の流れが進むことが予想されるのです。この流れを把握し、改正に備えておきましょう。

1 これまでの介護保険法改正の流れ

流れを把握してこれからに備える

介護保険法および介護報酬は3年に1度改定されます。介護保険法の改定の際、より重点的にケアすることになった項目に対し、介護報酬も高くなる形で連動しています。つまり介護保険法の改正の流れをつかめば、これから必要になるスキルやサービスが予測できるのです。

2000年
介護保険法実施

→ 介護報酬改定 →

2006年
・介護予防重視のシステムへ転換
・地域密着型サービスの創設

→ 介護報酬改定 →

2009年
・業務管理の改正設備
・事業者規制の徹底

→ 介護報酬改定 →

2012年
・医療と介護の連携強化
・地域包括ケアシステムの基盤強化

Check
地域包括支援センターが設置され、地域で高齢者を支える「地域包括ケア」の考え方が打ち出されるとともに、「要支援1・2」が設けられるなど予防重視型のシステムが図られます。

Check
「自立支援」強化のため、より在宅生活ができるようにするための新サービスが設定されたり、「地域包括ケアシステム」の構築が進められたりします。

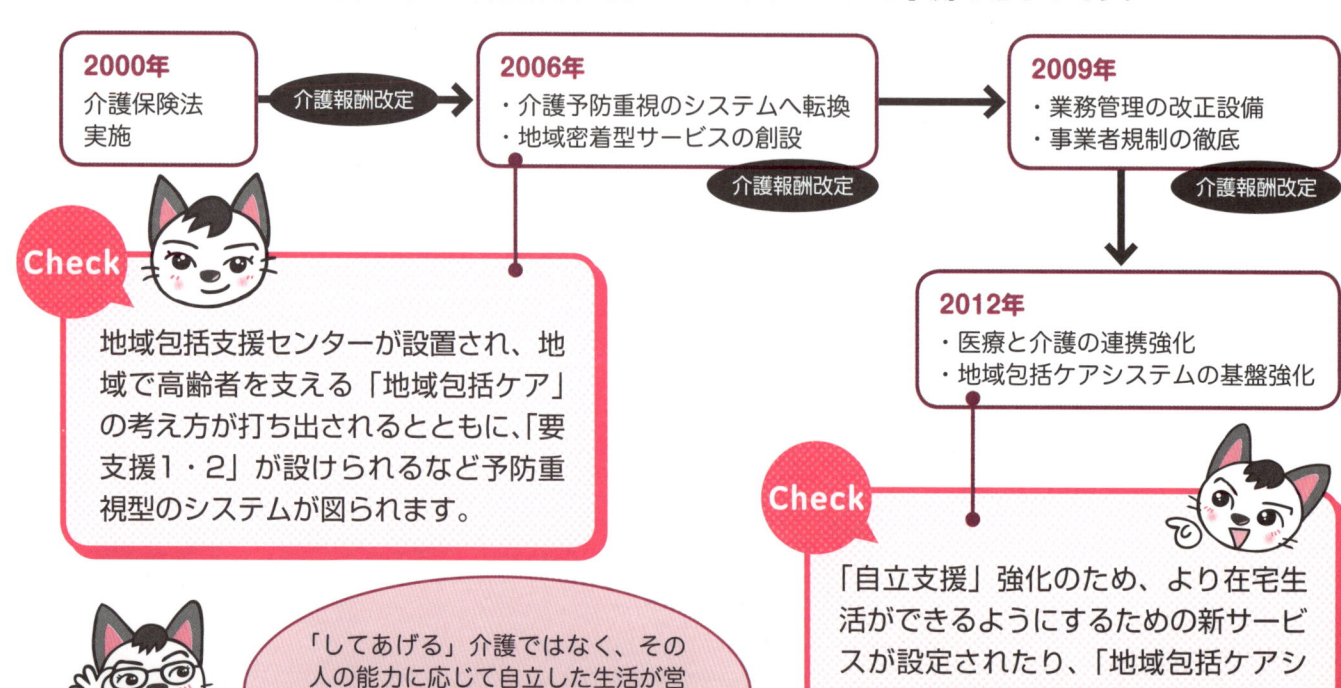

「してあげる」介護ではなく、その人の能力に応じて自立した生活が営めるようにという、介護保険法の原点に回帰しています。

2 介護保険制度の土台となる介護保険法

介護保険制度の原点「介護保険法」とは？

介護保険制度の目的から対象、具体的な方法までが書かれているのが、介護保険法です。ケアマネジャーのみなさんなら、一度は勉強したことがあるはず。中でも目的・理念が書かれた第一章第一条、第二条はまさに介護保険制度の「原点」に当たります。何度も読み返しておきましょう。

介護保険法第一章総則

第一条（目的）
この法律は、加齢に伴って生ずる心身の変化に起因する疾病等により要介護状態となり、入浴、排せつ、食事等の介護、機能訓練並びに看護及び療養上の管理その他の医療を要する者等について、これらの者が尊厳を保持し、その有する能力に応じ自立した日常生活を営むことができるよう、必要な保健医療サービス及び福祉サービスに係る給付を行うため、国民の共同連帯の理念に基づき介護保険制度を設け、その行う保険給付等に関して必要な事項を定め、もって国民の保健医療の向上及び福祉の増進を図ることを目的とする。

第二条（理念）※
1. 介護保険は、被保険者の要介護状態又は要支援状態（以下「要介護状態等」という。）に関し、必要な保険給付を行うものとする。
2. 前項の保険給付は、要介護状態等の軽減又は悪化の防止に資するよう行われるとともに、医療との連携に十分配慮して行われなければならない。
3. 第一項の保険給付は、被保険者の心身の状況、その置かれている環境等に応じて、被保険者の選択に基づき、適切な保健医療サービス及び福祉サービスが、多様な事業者又は施設から、総合的かつ効率的に提供されるよう配慮して行われなければならない。
4. 第一項の保険給付の内容及び水準は、被保険者が要介護状態となった場合においても、可能な限り、その居宅において、その有する能力に応じ自立した日常生活を営むことができるように配慮されなければならない。

※第二条は（介護保険）と示されていますが、平成9年12月の事務官通知により、二条の規定を理念として位置付けています。

Check
高齢者が、たとえ介護を必要とする状態になっても「尊厳を保持し、その有する能力に応じ自立した日常生活を営むことができる」ように、という介護保険制度の目的が書かれています。

Check
介護保険サービス、その他の公的サービスだけでなく、介護保険の給付対象外のサービスもうまくコーディネイトしてケアプランに組み込み、相乗効果を上げることが求められています。

厚生労働省は、2018年度から成果報酬型の仕組みを導入するための検討に入りました。ご利用者の心身状態が改善されるほど、また状態改善に向けた取り組みに熱心なほど、介護報酬も高くなる仕組みです。

これからは、介護の成果が問われるようになります。生活援助中心の介護、「してあげる」介護をしているだけでは評価されず、それだけに終わっている事業所は続けていけなくなります。

Part5 法律・法令編 3

Q ケアマネジャーからのSOS
実地指導や監査ってどう対策すればいいの？

A アキねこ先生からのアドバイス
日ごろからきちんと業務をこなしつつ、指摘されやすい項目を押さえておきましょう

　高齢者人口の増加にともなって、居宅サービス事業者の増加やサービス内容、事業者の形態は多様化。その一方で、行政の実地指導・監査もより厳しく実施することが求められるようになっています。実地指導・監査と聞くと恐いことのようですが、日ごろの業務をきちんとこなしていれば問題ないはず。ただし、見落としがちな点や指摘されやすいポイントも存在します。そのときになって突然慌てなくてもいいように、今から対策のコツをつかんでおきましょう。

1 実地指導と監査の違い

実地指導とは

　実地指導とは介護保険事業者に対して、行政が定期的に行なうチェックのこと。事前に通知があり、ほぼ1日がかりで行なわれます。ご利用者に不利益がないか、事業の運営は適正かどうかの確認をすることが目的で、錯誤や違反が発見された場合は、改善するよう指導が行なわれます。

監査とは

　適正な運営をするよう指導する「実地指導」に対し、重大な違反が疑われたり指導を行なっても改善されない場合に行なう立ち入り検査です。処分も念頭に、より厳しく行なわれます。結果次第では、「指定取り消し」「介護報酬返還」という処分が下されることもあります。

実地指導から監査への流れ

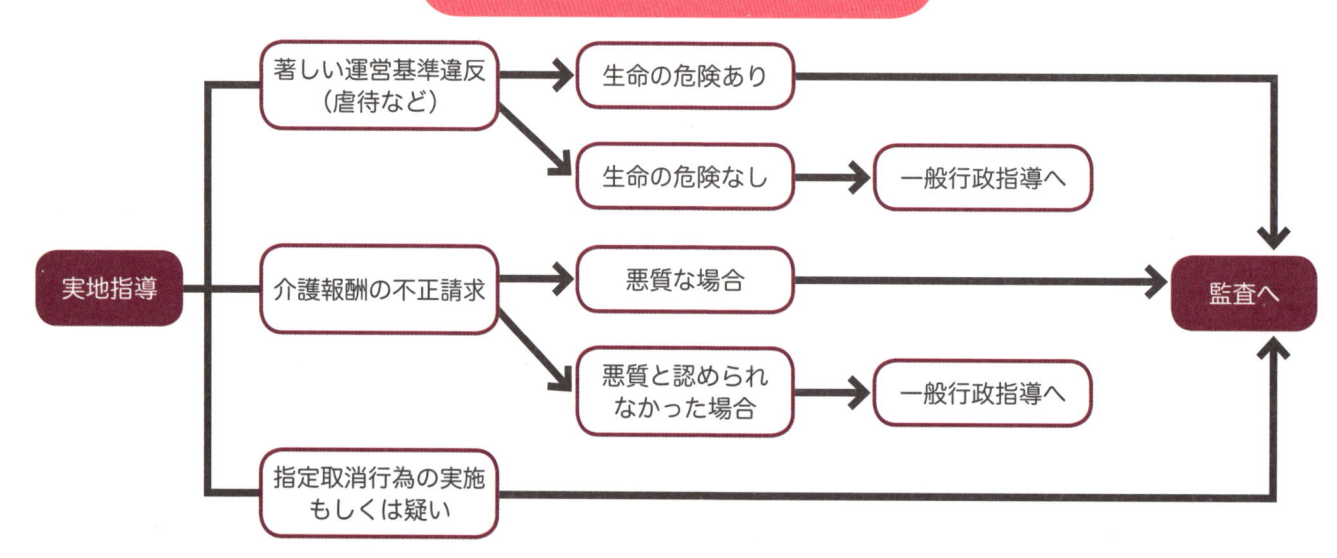

実地指導
- 著しい運営基準違反（虐待など）
  - 生命の危険あり → 監査へ
  - 生命の危険なし → 一般行政指導へ
- 介護報酬の不正請求
  - 悪質な場合 → 監査へ
  - 悪質と認められなかった場合 → 一般行政指導へ
- 指定取消行為の実施もしくは疑い → 監査へ

2 実地指導で指摘されやすい項目をチェックしよう

帳票管理シートでチェックしよう

実地指導で引っ掛かりやすい点のひとつが、記録が適切に管理できているか、です。これの対策には、帳票管理シートを使って記録を管理し、実地指導の際に、きちんと記録の管理ができていることを示すこと。チェックは毎月しましょう。併せて記録内容等にミスがないかも確認を。

■■■ ケアマネジャー帳票管理シート ■■■

実地指導に備え、ケママネジャー帳票管理シートで記録を毎月チェックして管理することを習慣づけよう！

実地指導で指摘されやすい記録の落とし穴もチェック！

サービス計画書（第2表）の落とし穴
- サービス内容が具体的にとらえられているか
- 長期・短期目標が設定されているか
- 福祉用具の貸し出し及び販売の必要理由が書いてあるか
- 各種加算の必要性が位置づけられているか

サービス担当者会議の記録の落とし穴
- サービス担当者全員の意見を記録しているか
- サービス担当者会議で検討され、各種個別加算についての結果を記録しているか
- 更新認定・区分変更時に計画変更の必要性の意見を求めた結果を記録しているか

モニタリング表の落とし穴
- 月1回以上のモニタリングの結果を記録しているか
- ご利用者の解決すべき課題の変化をとらえているか
- ケアプラン変更に至った経緯や原因をモニタリング表に記録しているか

3 実地指導での受け答えのコツ

受け答えの例からポイントを押さえよう

ケアマネジャーの仕事のやり方や考え方を、具体的に確かめるのが実地指導です。自立支援の基本に沿って、誠実に進めていることが伝えられればだいじょうぶです。

【アセスメントについて】

Check
「何をしてほしいか」ではなく「どんな生活をしたいか」、自立への意欲を引き出す聞き方をしているかがポイントです。

実地指導官：ご利用者の支援に必要な情報を引き出すため、特に気をつけている点は何ですか？

ケアマネジャー：「今までできていたのに、できなくなったこと」に着目して、元の生活を取り戻せることを大切しています。自立支援が目的ですから。

Check
「思い出したくない話題には無理に踏み込まず、まずは信頼関係を築くように」など、ご利用者への配慮も伝えましょう。

実地指導官：ご利用者の価値観、人生観などを含めた全体像のアセスメントを行なっていますか？

ケアマネジャー：何げない世間話をしながら、さりげなく兄弟や職業、趣味などの情報を得て、「その人らしい生活・幸せ」を実現できるよう取り組んでいます。

【サービス計画書（第1表、2表）について】

Check
実現可能なゴールを設定しているか、あいまいなゴール設定で必要以上にサービスを増やしていないか確認している質問です。

実地指導官：ケアプランの目標を設定する際には、何に気をつけていますか？

ケアマネジャー：長期目標は最終ゴールなので、解決すべきニーズは短期目標より具体的で近いゴールを設定。毎日の生活でクリアできるような目標も掲げています。

Check
医療、福祉、インフォーマルサービスと連携が取れているがポイント。日ごろからインフォーマルサービスの開拓を心がけて。

実地指導官：課題に応じて、他職種がかかわり合うプランになっていますか？ 役割分担は？

ケアマネジャー：医療と福祉の連携を図り、ご家族ほか多くの方に参加していただけるプランをたてています。地域婦人会による配食や見守りも活用しています。

【サービス担当者会議について】

Check
口頭で伝えるだけでなく、指導記録を見せるとよいでしょう。全員の意見をきちんと聞き、承認を得ていることを伝えて。

実地指導官：サービス担当者会議には、全員出席していますか？ 欠席者へのフォローは？

ケアマネジャー：出席できない方には、事前にモニタリング表の提出をお願いしています。個別に訪問したり、来所いただいて個別指導することもあります。

Check
虐待は何よりも予防と早期発見が重要です。サービス担当者にも、予防と早期発見の意識を持ってもらうようにしましょう。

実地指導官：高齢者の虐待や身体拘束のリスクについて、ご家族への説明を行なっていますか？

ケアマネジャー：身体拘束は法律で禁止されていることを伝え、対案を提案しています。また虐待を防止できるよう、介護者の不安解消にも努めています。

【モニタリング・ケアプラン変更について】

Check
モニタリングからケアプランの検討・変更までの流れを、具体的かつ簡潔に説明できるようにしましょう。

実地指導官：ご利用者の状態の変化をどのようにとらえていますか？

ケアマネジャー：モニタリングによって整理し、状態の変化を常に確認しています。例えばサービスの利用回数の増加も、状態の悪化のせいではないかと考えます。

Check
サービス担当者からも情報を得たうえで、ご利用者やご家族に進捗状況を確認していることを伝えましょう。

実地指導官：どのようにモニタリングを行なっていますか？ 具体的に教えてください。

ケアマネジャー：実績報告の機会に、事務所のヒアリングも行なっています。各事業所からモニタリング報告を受け取り、先月と今月の状態を比較し、ご利用者宅を訪問します。

番外編

アキねこ先生のなんでもお悩み相談室！

日ごろの悩みや疑問をアキねこ先生に答えてもらおう！

Q 電話相談にはどう対応すればいいの？

A 電話相談をしてくる人の背景はひとりひとり異なります。理由や状態もさまざまなので、まずはじっくり落ち着いて応対しましょう。その際は、「ゆっくりお話ししてくださってだいじょうぶです」などと優しく語りかけ、話をきちんと聞いていることがわかるように相槌(あいづち)を打ちながら、耳を傾けましょう。

Q 来所相談にはどう対応すればいいの？

A 来所相談で初めて訪ねてきた人とは、速やかに信頼関係を築くことが大切。相談による情報収集を始める前にケアマネジャーには守秘義務があることを伝え、相談者を安心させましょう。また、相談を受ける際は、相談に来たきっかけや経緯を確認し、相手の気持ちをきちんと理解できるようにしましょう。

Q 医師が電話に出てくれません……どうしたら電話に出てくれるのでしょうか？

A 「ケアマネタイム」を活用しましょう。「ケアマネタイム」とは医師がケアマネジャーと連絡が取りやすい曜日、時間、連絡方法をあらかじめ設定し表にまとめたもので、各市町村や医師会などで実施しています。電話やホームページで確認し、医師と連絡が取りやすい時間帯を確認しておきましょう。

Q ご利用者のお宅を訪問する際のアポイントがなかなか取れません……。

A ご利用者の生活を配慮した訪問日時の提案をしてみましょう。自分の都合だけ考えてあらかじめ訪問日時を決め、確認するのではなく「○日から○日の間でご都合のよろしい日はございますか」「午前と午後、どちらがよろしいでしょうか」というように相手に選ぶ機会を与え、アポイントを取りましょう。

Q 事故や緊急事態の連絡がきたときはどう対応すればいいの？

A 次の4つの約束を守って、迅速(じんそく)な対応を心がけましょう。①急変、緊急事態のときは必要に応じて主治医に連絡する。②事業所に報告し、ご家族にも連絡をする。③事故発生時は不明確なことが多いので、説明や謝罪は慎重かつ誠意を持って対応する。④支援記録に正確に記入する。

Q ご利用者を自立に前向きにさせるにはどうすればいいの？

A ご利用者は家や施設の中で過ごすことが多く、外部からの刺激を遮断(しゃだん)しがちです。できるだけご利用者の日常生活が充実できるように、以前の元気だったころの生活や日ごろの会話をヒントにして、歌や絵画、園芸、料理など、本人の興味のあるものを見つけ、積極的に取り組むよう働きかけてみましょう。

Q ご利用者が何か不満を感じているようなのですが、何が原因なのかわかりません。

A こちらが適切なプランをたてサービスを提供していると思っても、ご利用者の状況や状態は日々変化していきます。アンケートなども活用して、目に見える形でご利用者に示してもらってみてはどうでしょうか？　ふだんでは見えないご利用者の希望や思いが見えてくるでしょう。

Q ご利用者が虐待されていました……。どうすれば早期発見できるのでしょうか？

A 虐待は何よりも予防と早期発見が重要です。ご家庭で起きる虐待では、第三者が介入することで、ご家族も窮地から救うことができます。各サービス担当者にも、予防と早期発見の意識をしっかりと持ってもらうために、日ごろから声かけを行ない、小さな変化も見逃さないようにしましょう。

Q ご利用者の希望や意向がいまいちピンときません……。

A 「自分だったらどうしてほしいか」と自分に置き換えてご利用者の気持ちを考えてみましょう。「自分のことはできるだけ自分でしたい」「好きなことは続けたい」というのはご利用者も同じ気持ちです。自分とご利用者を重ねて同じ視点に立てば、しぜんとやるべきことが見えてくるでしょう。

Q ご利用者のご家族も高齢です。老老介護では何に気をつければいいのでしょうか？

A 老老介護では、介護する側にも骨折や体調不良などの「不測の事態」が起きかねません。ご家族にも配慮した「孤立しない支援」が大切です。地域と連携して見回りボランティアをお願いしたり、こまめに訪問してようすを確認して、できるだけ見守る体制をつくり上げましょう。

Q サービス内容について、どのサービス提供事業者をご利用者に選んでもらえばいいか悩みます……。

A 実際にサービスを提供する事業者を選ぶ際は、ご利用者の意向を常に尊重することが大切です。ケアプランの趣旨に沿って候補となる事業者を挙げ、それぞれの特徴をわかりやすくまとめたり、実際の場所を記した地図を見せたりして、ご利用者が選びやすい情報提供を心がけましょう。

Q 自分より経験年数の浅い、年上のケアマネジャーへの指導がしづらいです……。

A たとえ相手が年上であっても、気後れせずに自信を持った発言をしましょう。しかし、職場では後輩であっても相手は人生の先輩です。「○○さんに改善してもらえると、私たちもとても助かります」など、相手を尊重することを心がけ、指導は周囲の目や環境に配慮して行ないましょう。

Q 怒ったらすぐに辞めてしまいそうで、後輩のケアマネジャーをうまく怒ることができません。

A 「怒る」ことと「叱る」ことは別物です。怒りにまかせて負の感情をぶつけるのではなく、「もっと成長してほしい」という期待を込めた前向きな姿勢で叱りましょう。また、叱る際にはただ結果を正すのではなく、そこに至った行動のプロセスから見直して指摘し、改善点をきちんと伝えてあげましょう。

Q ご利用者のデイサービスの利用が週2回から1回に減ったのですが、再アセスメント、課題分析と、ケアプラン変更のためにまたいちからやらなきゃいけないのでしょうか？

A ケアプランは変更が生じる度に、再アセスメントからのプロセスを経て再プランを作ることが基本です。しかし、週1回程度のサービスの利用回数の増減は「軽微な変更」として、プランの一部書き換えで済む場合もあります。「軽微な変更」か迷った場合は行政の窓口に問い合わせ、確認しましょう。

Q ご利用者やご家族の希望を聞いていると、提供するサービスが支給限度額をすぐに超えてしまいます。

A 提供するサービスがご利用者にとって本当に適切なサービスなのか確認しましょう。自立支援といっても、ご利用者によって改善する目的や目標はさまざまです。ご利用者の意向を尊重することは大切ですが、ご本人やご家族の希望すべてをそのまま鵜呑みにしてはいけません。たとえ、サービスを利用することで一時的に生活が安定するとしても、長期的な目線で考えたときに、それがご利用者の自立につながっていなければ意味がありません。ケアプラン作成までの一連の流れの中で、「このサービスは提供する必要がある」という裏づけがあるかどうか確認しましょう。

Q ご利用者に介護保険の制度のことなどを聞かれると、答えられずに焦ってしまいます。

A 介護保険法などの関連制度の基本を押さえておくことは大切ですが、すべてを網羅することは困難です。質問に答えられないときはすなおに「わかりません。調べてからお返事をいたします」と相手に誠意を見せて答えたうえで、たとえ時間がかかってもきちんと調べたり、確認してから目に見える形で示しながら、わかりやすく答えましょう。

Q ヘルパーが必要以上にご利用者に介助の手を出してしまっています……。

A 「何でもしてあげる」という先回りのケアは、ご利用者の自立を妨げてしまう原因になります。私たちの仕事は「ご利用者が自分自身で生活できる力」を取り戻すお手伝いであり、「やってあげる」のではなく「できるように支える」ことが使命であることを伝え、理解してもらいましょう。

Q ケアマネジャーの職員研修を行なっているのですが、最近マンネリぎみで参加率が下がっています。

A 研修内容のマンネリ化を防ぐポイントは「身近なテーマ」「タイムリーな事例」「楽しく学べる」の3つです。ご利用者をケアマネジャーが演じて見せる参加型形式にしたり、インフルエンザが流行していれば取り上げたりと、より身近に感じるように工夫すれば理解度も増し、参加率も上がるでしょう。

Q ケアマネジャーとして働くなら、居宅と施設ではどちらがおすすめでしょうか？

A それぞれに特徴があるので、一概にどちらがおすすめとはいえません。例えば居宅では、担当するご利用者のすべてのサービスを調整しなければなりませんし、施設ではのケアマネジャーが相談員や介護職を兼務しなければならないことも。特徴をよく確認し、自分に合った職場を選びましょう。

Q 主任ケアマネジャーになるにはどうしたらいいのでしょうか？

A 主任ケアマネジャーは、一定の業務に携わった時間と、講習を受ければ取得できる資格ですが、現場ではケアマネジャーたちの仕事が機能できるように、全体をまとめるリーダーシップが求められます。まずは、今の自分が担当しているご利用者やケアチームをきちんと先導し、まとめられているかチェックして検討してみましょう。

Q 仕事をしていても、いつもひとりで孤独を感じ不安になります。

A 孤独や不安を感じてしまうのは、自分に自信がないからではないでしょうか。自信は経験に比例します。経験を積むことで不安もなくなり、前向きな姿勢になれる人へと成長できるでしょう。また、ご利用者やご家族との関係づくりの中で、つながりややりがいを見いだしていくことも大切です。

Q バーンアウト（燃え尽き症候群）です。どうしたらたち直れるでしょうか？

A バーンアウトになってしまったら、まずは病院へ行って診療してもらいましょう。ひとりで解決しようとはせずに、周囲の助けを借りることが回復への近道です。完璧な自分を求めず、自分自身に過剰な期待をしないように割り切ってしまうことも必要です。

Q 毎日同じことばかりやっていて仕事がおもしろくありません……。

A トラブルや事故がなく、安定した毎日を過ごせるという環境はすばらしいことです。ケアマネジャーは、ご利用者が安全で幸せな生活を安心して送れるように支援する使命があります。変化を求めるのであれば、スキルアップのために資格を取得したり研修を受けたりと、自分磨きに時間を活用しましょう。

Q 介護職が3K（きつい、給与が安い、汚い）って聞くけれど、本当なの？

A 介護職の本当の3Kとは「きっかけ」「幸福」「向上」のよい3Kです。みなさんには、それぞれ介護職を選んだ前向きなきっかけや思いがあるはずです。ご利用者に幸せプランを提供し、「人が人を幸せにする」という幸福を感じることができるのがケアマネジャーという仕事です。

Q ケアマネジャーに再就職しようと思っています。しばらく現場を離れていたので不安です。

A 再就職をする際に気をつけるポイントは3年ごとの法改正です。介護保険法の改正をチェックしておかないと、現場に戻ったときに法令違反を犯してしまう危険性があります。また、介護報酬額も自分が以前働いていたときから変更されている可能性があるので、併せて確認しておきましょう。

> 悩みや疑問は自分のためにも、ご利用者のためにも早めの対処を心がけましょう！

Part6 資料編 1　コミュニケーションに役だつ声かけ例

相手の話に理解を示す声かけ

- お気持ちよくわかります
- 確かにそうですね
- 私も同感です
- そうですよね
- その通りだと思います
- 話してくれてありがとうございます
- それでいいと思います
- 私もそのようなことがありましたよ

相手を労（いた）わる声かけ

- 大変でしたね
- 無理なさらないでくださいね
- それは辛（つら）かったですね
- よくがんばりましたね
- よくやられていますね
- 私にはまねできませんよ
- お疲れ様です
- みんな、ちゃんと見ていますよ

相手を気づかう声かけ

- がんばりすぎないでくださいね
- いつでも相談してください
- 困っていることはないですか？
- お手伝いいたします
- いつでもお話しくださいね
- ひとりで悩まないでくださいね
- ご心配なことはありますか？
- 私たちがいますからね

相手を安心させる声かけ

- ひとつひとつ解決しましょう
- いっしょにやっていきましょう
- 安心してください
- 任せてください
- 何かあったら言ってくださいね
- ひとりじゃないですよ
- 協力します
- 焦らずにやっていきましょう

困ったときの話題例

P.16〜の会話についてもチェックしよう！

出身地
ご利用者にとって元気に過ごした故郷の思い出は、何よりの宝物のひとつでもあります。故郷のじまんや、そこで過ごした思い出から話を膨らませることができます。

食べもの
食べものの話はご利用者にとっても身近な話題です。食べものの好き嫌いの話や、ご自身の得意料理、今朝食べた食事のメニューなど、無理なく話を広げることができるでしょう。

仕事
特に男性の場合、仕事は効果的な話題となることが多いようです。人生の先輩として、今まで携わってきた仕事の苦労話、思い出深いエピソードなど、語ってくれるでしょう。

季節・気候の話題
その季節にかかわる何げない話や、旬な野菜・果物の話、四季折々のイベントについてなど話を広げられます。また、気候の変化は相手の体調を気づかう声かけにも生かせます。

昔の遊びや思い出話
ご利用者が幼少期にしていた昔の遊びや歌、そのころ流行したものなど教えてもらい、子ども時代の思い出を聞いてみましょう。当時の話を聞くことで、よりご利用者に近づけるでしょう。

趣味
自分の好きなことについては、誰でも多弁になるものです。趣味の内容から、好きな理由、かける時間、こだわりなど、その人が興味のあるものを知るきっかけにもなります。

【使うべきでない表現例】

上から目線の表現
- NG 新しいプランをつくってきて**あげますね**
- ➡ OK プランの見直しを**いたしますね**

- NG たまには外へ出かける**べきですよ**
- ➡ OK たまにはお散歩**してみてはいかがですか**

- NG **わがまま言わないで**もらえますか？
- ➡ OK **何がご不満か**お話ししていただけますか？

ネガティブにさせる表現
- NG もうこのサービスを**使うレベル**ですよ
- ➡ OK 予防の観点から**ご利用してみませんか？**

- NG もう少し**はっきりしゃべって**もらえませんか
- ➡ OK 理解不足ですみません、**もう一度お願い**できますか？

- NG **もう病院へ行ったほうがいい**ですよ
- ➡ OK **健康維持のために**、一度病院へ行きせんか？

否定的な表現
- NG まだ出歩いちゃ**ダメ**ですよ
- ➡ OK 外出はもう少し**ようすを見てから**にしましょうか

- NG それは**意味のこと ない**ですよ
- ➡ OK **何かほかの方法を探してみましょうか**

- NG まだ**時間がかかりそう**ですね
- ➡ OK よくなってますよ、**長い目で見ましょう**

不快にさせる表現
- NG **どなり散らさないで**ください！
- ➡ OK **落ち着きましょう**。どうされたんですか

- NG 今日のお洋服、**若づくり**しましたね
- ➡ OK 今日のお洋服、**とってもお似合い**ですよ

- NG これは**汚いから捨てたほうがいい**ですよ
- ➡ OK これは**かたづけて、すっきりさせましょう**

Part6 資料編 2 高齢者の特徴①

高齢者の観察すべき、生理的特徴

頭
頭髪の汚れ、におい、抜け毛、発疹

顔
表情（苦痛・不安・意識のもうろう・ぼんやり・元気がない・悲しそう）、顔色、むくみ

眼
充血、涙、目やに、まぶたのむくみ、落ち着かない目つき、まぶしそう、視力の状態

鼻
鼻水、くしゃみ、嗅覚

口
唇の色、乾燥状態、口臭、ただれ、食欲

耳
聴こえの状態、耳だれ、耳垢、耳鳴り

歯
歯（義歯）の状態、かむ力

つめ
長さ、色、不潔になっている

のど
飲み込み、発声、痛み、変色、せき、痰、呼吸

便
量、色、固さ、回数、混入物、排便状態（便秘、下痢）

バイタルサイン
体温、血圧、脈拍、呼吸

尿
量、色、におい、混入物、回数、排尿状態

関節
動き方、歩き方、固さ、痛み、腫れ

皮膚
熱、ひっかき傷、腫れ、むくみ、発疹、乾燥、冷え、発汗、しびれ、褥瘡

体重や体の傾き、生活リズムの乱れもチェックしましょう

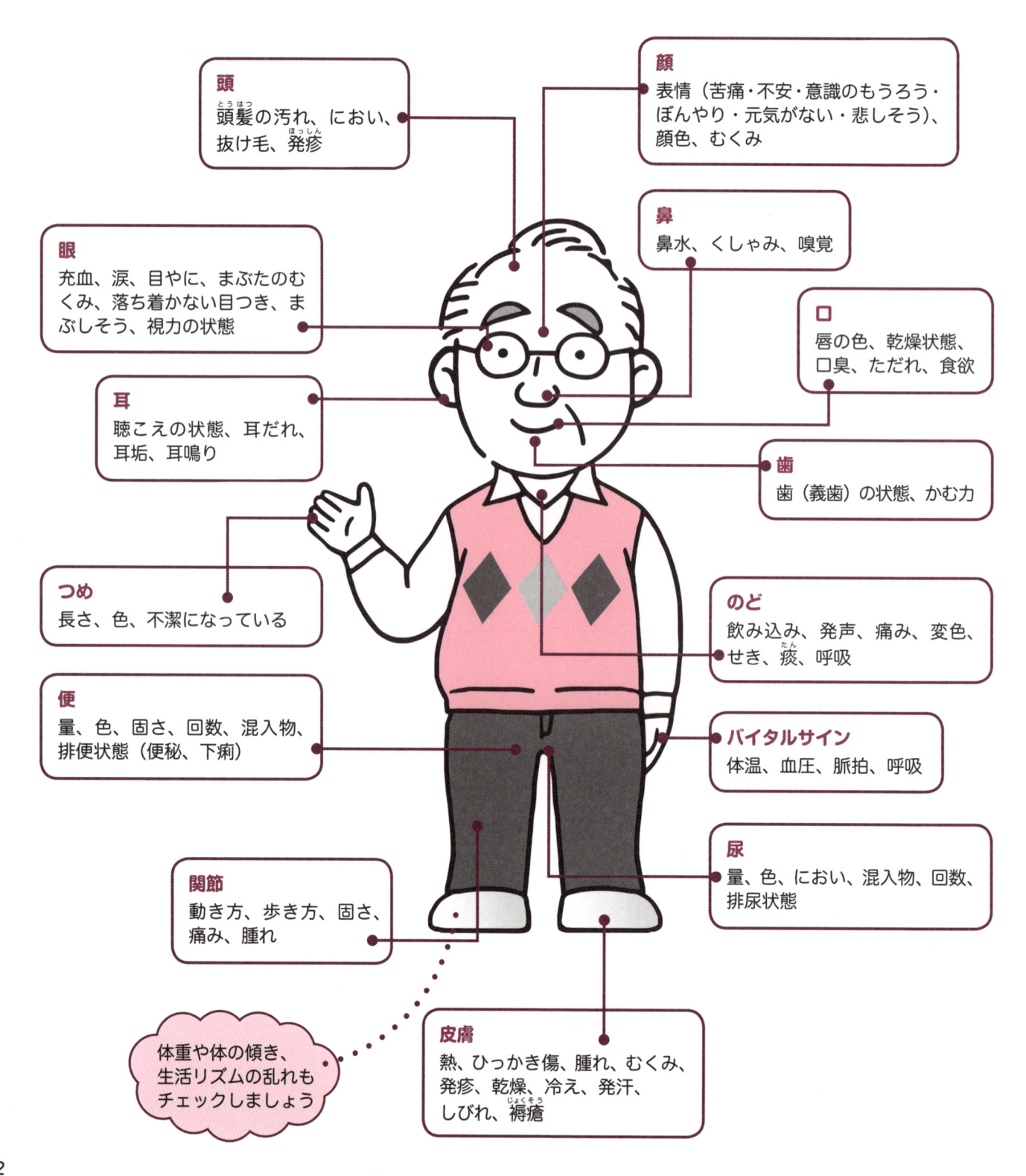

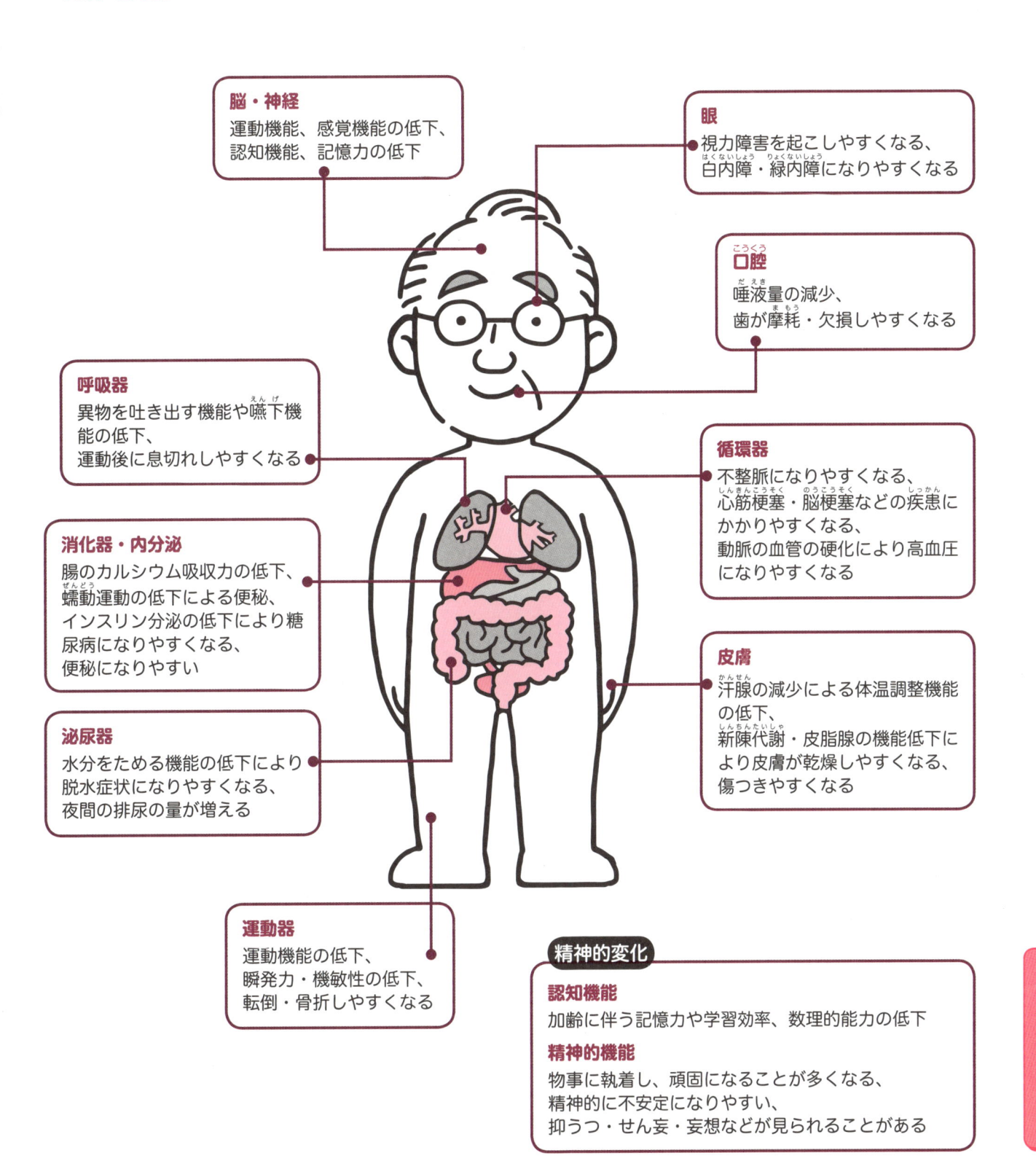

高齢者の特徴②

身体的変化

脳・神経
運動機能、感覚機能の低下、認知機能、記憶力の低下

眼
視力障害を起こしやすくなる、白内障・緑内障になりやすくなる

口腔
唾液量の減少、歯が摩耗・欠損しやすくなる

呼吸器
異物を吐き出す機能や嚥下機能の低下、運動後に息切れしやすくなる

循環器
不整脈になりやすくなる、心筋梗塞・脳梗塞などの疾患にかかりやすくなる、動脈の血管の硬化により高血圧になりやすくなる

消化器・内分泌
腸のカルシウム吸収力の低下、蠕動運動の低下による便秘、インスリン分泌の低下により糖尿病になりやすくなる、便秘になりやすい

皮膚
汗腺の減少による体温調整機能の低下、新陳代謝・皮脂腺の機能低下により皮膚が乾燥しやすくなる、傷つきやすくなる

泌尿器
水分をためる機能の低下により脱水症状になりやすくなる、夜間の排尿の量が増える

運動器
運動機能の低下、瞬発力・機敏性の低下、転倒・骨折しやすくなる

精神的変化

認知機能
加齢に伴う記憶力や学習効率、数理的能力の低下

精神的機能
物事に執着し、頑固になることが多くなる、精神的に不安定になりやすい、抑うつ・せん妄・妄想などが見られることがある

Part6 資料編 3　ヘルパーが行なえる医療ケア

ヘルパーができる医療行為

たんの吸引	口腔内・鼻腔内・気管カニューレ内の吸引※
経管栄養	胃ろう・腸ろう・経鼻経管での栄養剤の注入※

※平成24年4月より、厚生労働省が定める研修を修了し認定を受けていること、医療との連携の確保ができるなど一定の要件を満たしており、都道府県に登録した事業所に所属していること、本人または家族の同意書のもと、主治医や看護師の定期的な訪問や連携がなされているなどの場合のみに限って行なうことができる。

ヘルパーができる医療外行為

バイタルチェックと保清ケア

体温測定	水銀体温計、電子体温計の使用によるわきの下での体温を測定する。耳式電子体温計の使用による耳の穴での体温測定。
血圧測定	自動血圧測定器を使用しての血圧測定。
パルスオキシメーターの装着	入院治療が不要な方への、在宅で動脈血酸素飽和度を測定するためのパルスオキシメーターの装着。
口腔ケア	歯ブラシや綿棒、巻き綿子などを使用しての歯、口腔粘膜、舌の汚れの除去。（重度の歯周病がない場合のみ可能）
耳垢の除去	耳垢の除去（耳垢塞栓を除く）。
つめ切り	つめ切り、つめやすりを使用してのやすりがけなどのつめの手入れ。（つめや周囲に炎症がなく、糖尿病等に伴う専門的な治療が不要の場合のみ可能）

医薬品を使うケア

軟膏・湿布薬の使用	皮膚に軟膏を塗ること(床ずれの処置を除く)。皮膚に湿布をはること。
一包化された内服薬の内服介助	一包化されている薬の袋を開け、手渡しすること。舌下錠の使用も含む。
点眼薬などの使用	点眼薬の点眼、点耳薬の滴下、鼻腔粘膜に薬剤の噴射
裂傷の処置	軽微な擦り傷、切り傷、やけどなどの専門的な判断や技術を要しない処置、汚れたガーゼなどの交換。
座薬・浣腸の使用※	肛門への座薬の挿入。ディスポーザブルグリセリン浣腸器を使用しての浣腸。

※本人確認や医師・看護師の指導、器具の大きさなどの条件あり。

医療器具を使うケア

消化管ストーマパウチの交換	消化管ストーマパウチの交換、パウチにたまった排泄物の処理（肌の接着面に皮膚保護機能を有する装具のみ可能、肌に接着したパウチの取り換えは除く）。
自己導尿カテーテルの準備	自己導尿を補助するためのカテーテルの準備、体位の保持など。

Part6 資料編 4

知っておきたい服薬管理

薬の適切な保管方法

薬によって保管方法が異なるので、必ず処方箋や使用上の注意を確認する。
電子レンジなどの電化製品のそばや直射日光の当たる場所、高温多湿の環境は避け、風通しのいい冷暗所で保管する。冬の暖房による高温にも注意したい。
坐剤のように、薬によっては冷蔵庫での保管や遮光が必要なものもある。
粉薬が固まるなど形が変わったり、色や臭いが変わったら使用は控える。

チェックしておきたい服用のしかた

処方薬と市販の薬を併用していないか	処方薬と市販の薬を併用することは、副作用が出るなどのリスクがある。またサプリメントとの併用にも注意が必要な場合がある。
多病多剤ではないか	薬の併用は、医師が治療目的で行なう場合もあるが、薬の種類が多い場合は医師に相談を。複数の病院にかかっている場合など、医師や薬剤師にほかの服用薬を報告しないでいると、健康上問題が生じる危険がある。
水なし、または横になった状態で服用していないか	薬がのどや食道につまりやすく、誤嚥を起こしたり、潰瘍になることもある。上体を起こし水またはぬるま湯で服用させる。
水以外の飲み物で服用していないか	水やぬるま湯以外で服用すると、効果が出にくくなったり効きすぎたりすることがある。
カプセルや裸錠をかんでいないか	かんでしまうと、体内に吸収されるスピードや作用が変わってしまうことがある。作用が早く、強くでてしまい、半減期に影響する可能性もある。
薬を食事に混ぜていないか	粉薬や錠剤が飲みにくい場合は、とろみ剤や嚥下ゼリーを使うなどし、食事と混ぜることは避ける。食べ物と薬がいっしょに消化されることで、薬の作用が変わってしまうことがある。
有効期限の切れた薬を飲んでいないか	飲んでいた場合、まず症状に異変がないか確認する。そのうえでなぜ有効期限が切れたか原因を確認し、対策を考える。
忘れた分をまとめて飲んでいないか	薬によっては、めまいや吐き気、意識混濁などの急性期症状が出ることもあるので、必ず避ける。
同じ症状だからと、人からもらった薬を飲んでいないか	病院の処方薬は、患者ひとりひとりの症状や体質、年齢などに合わせて調節されたもの。同じ症状であってもほかの人に適切な効果があるとは限らず、過剰反応や副作用など健康を大きく損なう可能性がある。薬の譲渡や交換はしないこと。
飲み忘れがないか	飲み忘れが多い場合は、カレンダーやピルケース、小分け袋などを活用し、1日分または朝昼晩で小分けにしておくなどの工夫を。認知症の場合は、介護者が手渡すなど、飲み間違いに留意する必要がある。

Part6 資料編 5 — 人体・骨格の部位名①

人体の部位名

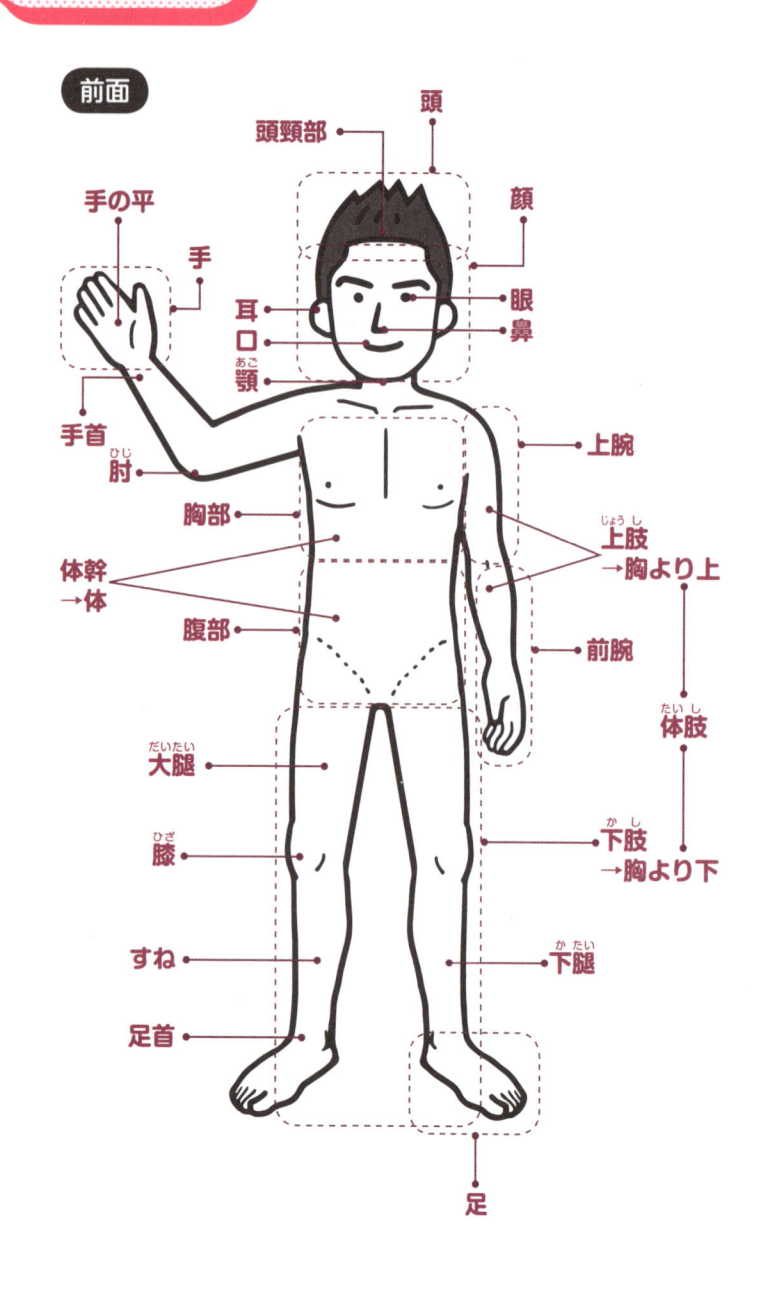

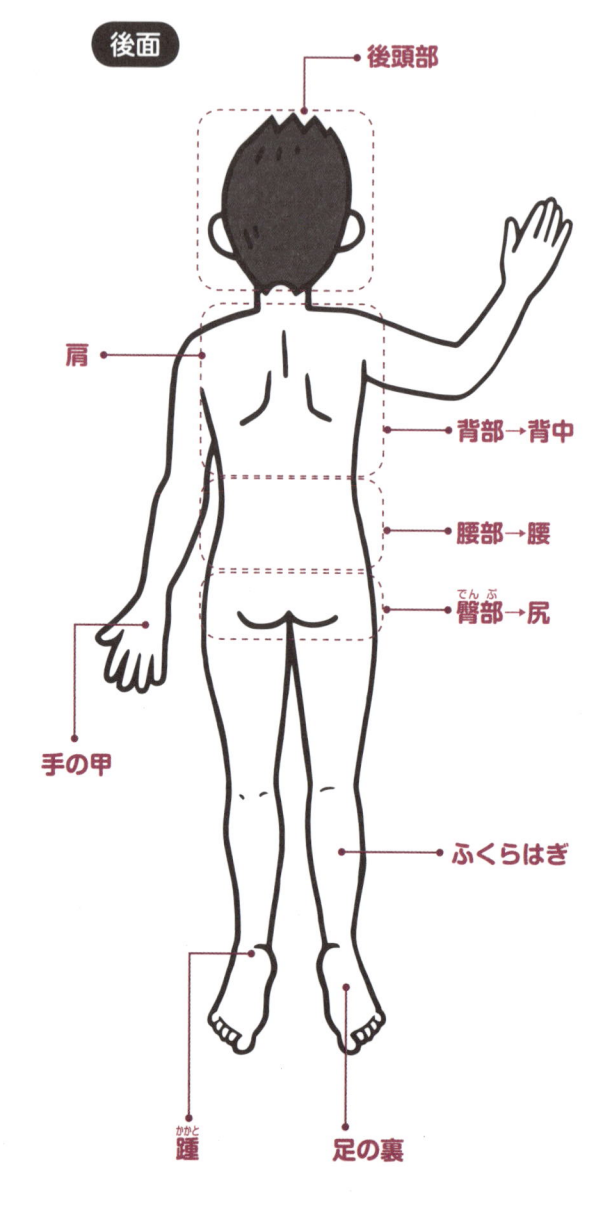

前面

- 頭頸部
- 頭
- 顔
- 手の平
- 手
- 耳
- 口
- 顎（あご）
- 眼
- 鼻
- 手首
- 肘（ひじ）
- 上腕
- 胸部
- 体幹 →体
- 腹部
- 上肢（じょうし）→胸より上
- 前腕
- 体肢（たいし）
- 大腿（だいたい）
- 膝（ひざ）
- すね
- 足首
- 下肢（かし）→胸より下
- 下腿（かたい）
- 足

後面

- 後頭部
- 肩
- 背部→背中
- 腰部→腰
- 臀部（でんぶ）→尻
- 手の甲
- ふくらはぎ
- 踵（かかと）
- 足の裏

人体・骨格の部位名②

骨格の部位名

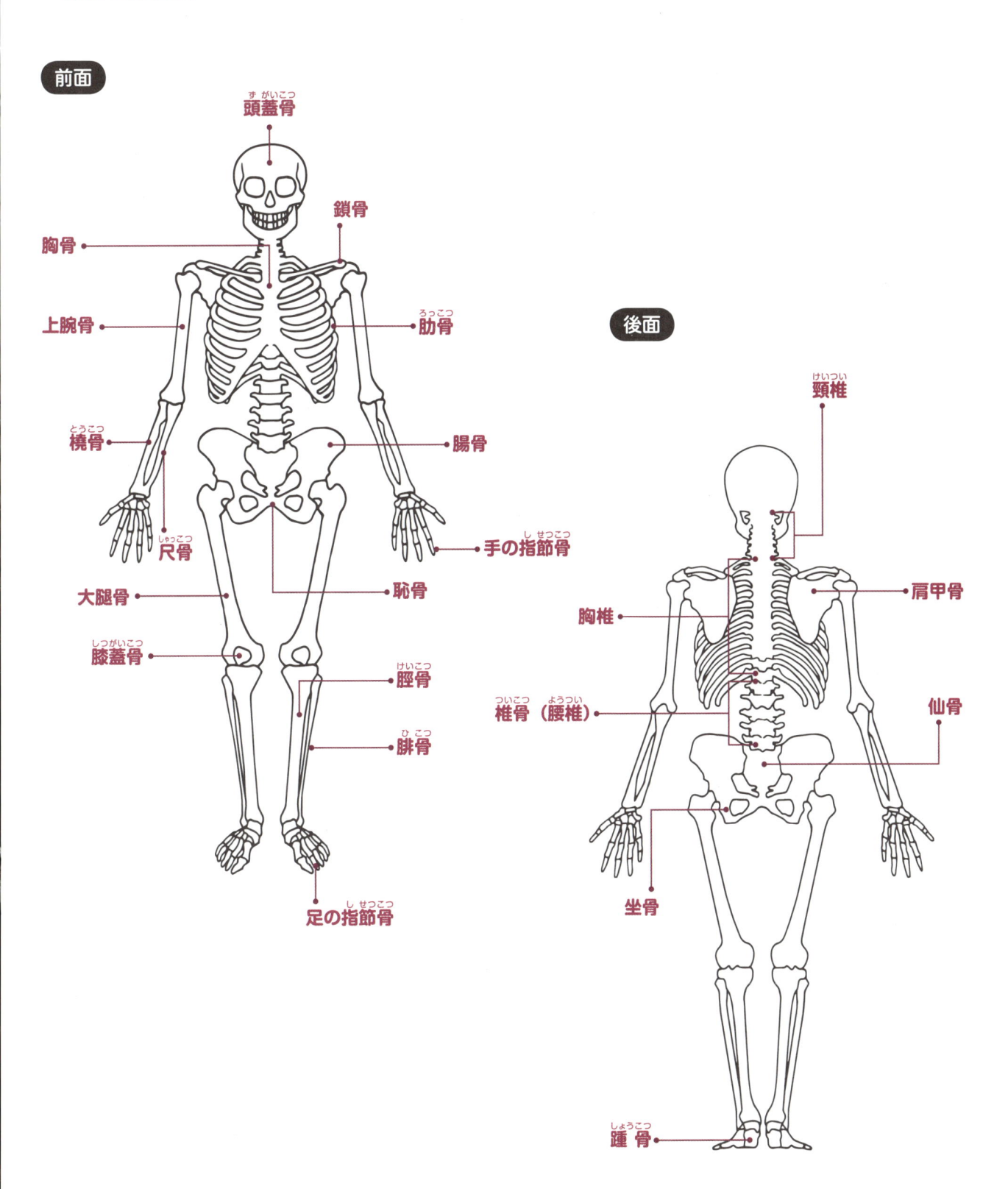

前面

- 頭蓋骨（ずがいこつ）
- 鎖骨
- 胸骨
- 上腕骨
- 肋骨（ろっこつ）
- 橈骨（とうこつ）
- 腸骨
- 尺骨（しゃっこつ）
- 手の指節骨（しせつこつ）
- 大腿骨
- 恥骨
- 膝蓋骨（しつがいこつ）
- 脛骨（けいこつ）
- 腓骨（ひこつ）
- 足の指節骨（しせつこつ）

後面

- 頸椎（けいつい）
- 肩甲骨
- 胸椎
- 椎骨（腰椎）（ついこつ・ようつい）
- 仙骨
- 坐骨
- 踵骨（しょうこつ）

Part6 資料編 6 検査値の読み方

検査値の読み方

検査項目		基準値
血球検査	RBC（赤血球数）	男：400万〜550万/μL 女：350万〜500万/μL
	Hb（ヘモグロビン）	男：14.0〜18.0g/dL 女：12.0〜16.0g/dL
	Ht（ヘマトクリット）	男：40.0〜50.0% 女：35.0〜45.0%
	WBC（白血球数）	3500〜9000/μL
	PLT（血小板数）	13万〜35万/μL（静脈血）
肝機能検査	TP（血清総たんぱく数）	6.5〜8.0/dL
	Alb（血清アルブミン）	3.8〜5.3g/dL
	GOT（AST）	10〜35U/L
	GPT（ALT）	5〜30U/L
腎機能検査	BUN（血中尿素窒素）	8〜20mg/dL
	Cr（血清クレアチニン）	男：0.5〜1.0mg/dL 女：2.5〜6.0mg/dL
痛風検査	UA（血清尿酸）	男：3.5〜7.0mg/dL 女：2.5〜6.0mg/dL
感染症検査	CRP（C反応性たんぱく）	0.3mg/dL以下

検査項目		基準値
血清脂質検査	TC（総コレステロール）	140〜199mg/dL
	HDL-コレステロール	40〜119mg/dL
	LDL-コレステロール	60〜119mg/dL
	TG（中性脂肪）	30〜149mg/dL
糖尿病検査	HbA1c（グリコヘモグロビン）	5.6%未満（JDS値） 6.0%未満（NGSP値）
	空腹時血糖値	80〜110mg/dL未満
電解質・無機質検査	K（カリウム）	3.6〜5.0mEq/L
	Ca（カルシウム）	8.5〜10.5mg/dL
	Cl（塩素）	100〜110mEq/L
	Na（ナトリウム）	135〜149mEq/L
血液ガス	SpO2（動脈血酸素飽和度）	96〜99%
血圧	診断室血圧（最高/最低）	140/90mmHg未満
	家庭血圧（最高/最低）	130/85mmHg未満

単位の読み方：μL＝マイクロリットル、g/dL＝グラム/デシリットル、mg/dL＝ミリグラム/デシリットル、mEq/L＝ミリエクィーバレント/リットル、mmH＝ミリメートルエッチジー、U/L＝ユニパー/リットル

※基準値は個々の健康状態、検査方法、医療機関により異なるため、あくまで目安です。
※参照：日本医師会ホームページ（http://www.med.or.jp/forest/）ほか

Part6 資料編 7

覚えておきたい医療の略語・用語

A	acute……急性
	ADL……日常の基本動作
	AP……狭心症。angina pectoris
	aphasia……失語症
	apoplexy……脳卒中
	arrhythmia……不整脈
	asthma……喘息
B	bleeding……出血
	BP……血圧。blood pressure
	BS……血糖。blood sugar
	BT……体温。body temperature
C	Ca……がん。悪性腫瘍
	CC……主訴。Chief complaint
	chronic……慢性。acute（急性）の反対語
	Coma……昏睡状態
	constipation……便秘
D	dementia……認知症
	diarrhea……下痢
	DM……糖尿病。Diabetes
E	ECG……心電図。Electrocardiogram
	ENT……退院
F	FBS……空腹時血糖
	fever……発熱
G	GE……グリセリン浣腸。glycerin enema
H	Harn……尿
	heart attack……心臓発作
	heart failure……心不全
	Hp……病院。hospital
	HR……心拍数。Heart rate
	HT……高血圧。Hypertension
I	intubation……気管挿管
K	Kot……大便
N	nausea……吐き気、悪心
	n.p.……特に異常なし。nothing particular
O	OT……作業療法士。occupational therapist
P	PEG……胃瘻。胃に穴をあけてカテーテルを通し、直接胃から栄養がとれるようにする手術

P	Pt……患者。patient
	PT……理学療法士。physical therapist
Q	QOL……生活または人生の質。Quality of life
R	RA……関節リウマチ。Rheumatoid Arthritis
	resp……呼吸。respiration
	respirator……人工呼吸器
	rigidity……硬直、固縮
S	senile dementia……老年性認知症
	SBP……収縮期血圧（最高血圧）。systolic blood pressure
	S.O.B……息切れ。shortness of breath
	sputum……痰
	systemic edema……全身性浮腫
T	Tb……結核。tuberculosis
U	urine volume……尿量
V	vomiting……嘔吐
X	X-P……エックス線写真　X-ray photograph

か	含嗽……うがい
き	吃逆……しゃっくり
け	傾眠……刺激により目覚めるが、刺激がなくなるとまた眠ってしまう状態
	血尿……尿に血が混じった状態
せ	喘鳴……気道の通りが悪い部分を空気が通るときに、ヒューヒューなど音が出る
	せん妄……軽い意識の混濁と共に幻覚、妄想、興奮が伴う状態、意識障害の一種
た	多尿……尿量が2,000ml/日を超えた状態
は	廃用性症候群……体を動かさないことによる、心身機能の低下
ひ	日和見感染……普通の人では感染しづらい病原体に、抵抗力が低下した高齢者が感染すること
ふ	浮腫……むくみ。通常体外に排出される水分が組織の間にたまっている状態
	不随意運動……自分の意志では止められない、手足の震えの運動
ほ	乏尿……尿量が400ml/日以下の状態
む	無尿……尿量が50～100ml/日以下の状態で、尿が作られなくなった状態

79

編著者

株式会社ねこの手 代表取締役
伊藤亜記（いとう・あき）

短大卒業後、出版社へ入社。祖父母の介護と看取りの経験を機に、社会人入学にて福祉の勉強を始める。98年、介護福祉士を取得し、老人保健施設で介護職を経験し、ケアハウスで介護相談員兼施設長代行を務める。その後、大手介護関連会社の支店長を経て、「ねこの手」を設立。現在、旅行介助サービスや国内外の介護施設見学ツアーの企画、介護相談、介護冊子制作、介護雑誌の監修や本の執筆、セミナー講師、TVコメンテーター、介護事業所の運営、・営業サポートなど、精力的に活躍中。

2007年7月に発刊された『添削式、介護記録の書き方』(ひかりのくに)は再販を続け、介護業界の書籍や雑誌販売が難しい中で2万部を突破するベストセラーとなる。医療・福祉法人の顧問や役員も多数務め、2010年4月子どもゆめ募金開発委員、2012年9月株式会社ゲストハウス役員に就任。主な講演としても全国からの行政の依頼で、「介護記録」「実地指導対策」等、多数の講演テーマでも行なっている。

○介護福祉士
○社会福祉主事
○レクリエーションインストラクター
○シナプソロジーインストラクター
○学習療法士1級

【ホームページアドレス】http://www.nekonote335.com

本文デザイン ・DTP
有限会社エムアンドケイ

執筆協力
川嶋菊枝

イラスト
村松麗子

編集制作
株式会社童夢

企画編集
安藤憲志

校正
堀田浩之

本書のコピー、スキャン、デジタル化等の無断複製は著作権法上での例外を除き禁じられています。本書を代行業者等の第三者に依頼してスキャンやデジタル化することは、たとえ個人や家庭内の利用であっても著作権法上認められておりません。

介護現場の「ねこの手」シリーズ⑤
アキねこ先生が本音で教えるおたすけBOOK
ケアマネジャー仕事の進め方Q&A

2014年11月　初版発行

編著者　伊藤亜記
発行人　岡本 功
発行所　ひかりのくに株式会社
〒543-0001　大阪市天王寺区上本町3-2-14
郵便振替00920-2-118855　TEL06-6768-1155
〒175-0082　東京都板橋区高島平6-1-1
郵便振替00150-0-30666　TEL03-3979-3112
http://www.hikarinokuni.co.jp
印刷　凸版印刷株式会社

©2014　Aki ito
乱丁本、落丁本お取替えさせていただきます。

Printed in Japan
ISBN978-4-564-43077-0 C3036
NDC369.17　80P　26×21cm